心一堂術數古籍珍本叢刊

書名：《山洋指迷》足本兩種　附《尋龍歌》（下）
系列：心一堂術數古籍珍本叢刊　堪輿類　第二輯　186
作者：【明】周景一
主編、責任編輯：陳劍聰
心一堂術數古籍珍本叢刊編校小組：陳劍聰　素聞　梁松盛　鄒偉才　虛白盧主

出版：心一堂有限公司
通訊地址：香港九龍旺角彌敦道六一〇號荷李活商業中心十八樓〇五—〇六室
深港讀者服務中心：中國深圳市羅湖區立新路六號羅湖商業大廈負一層〇〇八室
電話號碼：(852)67150840
網址：publish.sunyata.cc
電郵：sunyatabook@gmail.com
網店：http://book.sunyata.cc
淘寶店地址：https://shop210782774.taobao.com
微店地址：https://weidian.com/s/1212826297
臉書：https://www.facebook.com/sunyatabook
讀者論壇：http://bbs.sunyata.cc/

版次：二零一七年四月初版
平裝：兩冊不分售

定價：港幣　五百八十元正
　　　新台幣　二千二百八十元正

國際書號：ISBN 978-988-8317-53-0

香港發行：香港聯合書刊物流有限公司
地址：香港新界大埔汀麗路36號中華商務印刷大廈3樓
電話號碼：(852)2150-2100
傳真號碼：(852)2407-3062
電郵：info@suplogistics.com.hk

台灣發行：秀威資訊科技股份有限公司
地址：台灣台北市內湖區瑞光路七六巷六十五號一樓
電話號碼：+886-2-2796-3638
傳真號碼：+886-2-2796-1377
網絡書店：www.bodbooks.com.tw
台灣國家書店讀者服務中心：
地址：台灣台北市中山區松江路二〇九號一樓
電話號碼：+886-2-2518-0207
傳真號碼：+886-2-2518-0778
網絡書店：http://www.govbooks.com.tw

中國大陸發行　零售：深圳心一堂文化傳播有限公司
深圳地址：深圳市羅湖區立新路六號羅湖商業大廈負一層〇〇八室
電話號碼：(86)0755-82224934

心一堂微店二維碼

心一堂淘寶店二維碼

乾隆丁未新鐫

周景一先生著

山洋指迷

原本

吳敬恕堂藏板

序

地理指迷原序得行於世學儒
緒哉如明初周景一先生爲婺山
吳氏卜葬爲奇穴更貽以指迷書
厥後吳氏人文蔚起成巨族其書
遂見重於人傳抄幾遍江浙第
自明迄今於茲年遠抄錄愈繁
舛訛益甚此原本固不可不刊行

也姑藉俞君歸璞同邑吳子鄉瞻嗜青囊學覓稿遂坊刻之訛誤其註釋亦未能闡發書意因取舊藏原本躡註爲枕中秘惟是俞吳二子向皆作客遠方天南地北萍合四明討論數載註成全集而先生傳書四百餘年今始得人並有數存非偶然也宜其爲同志者慫恿付梓

公之於世因問序於予讀之明晰暢
達乃大概流傳者獨優所增注解簡
明提要亦與他本不同是真得先
生之心傳者予嘗著四景影二叢說
明在天成象在地成形之義是編
看在地下山形合上天星象所謂
既得我心二書若備則仰觀俯
察於地豐盈臻纖妙與原本無不

可不亟爲刊行也予喜其書成而爲之序

乾隆丁未嘉平月山陰姚雨方序時年七十有三

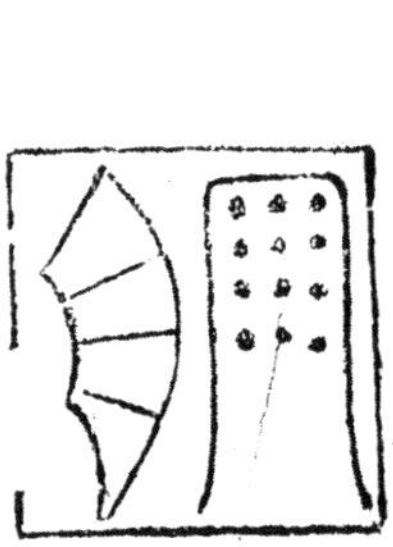

序

地理由來尚矣有傳人必有傳書顧書不一如周景一先生指迷者葢寡先生生爲明初堪輿大家孤踪高蹈不以術鳴先是予季父青岩公遊于越得其書不識爲誰氏著撰鄉里荐紳家偶有藏本較之稍異且多平洋一卷嘗曰是書析理昭暢界于巒頭諸家學地理者宜以此爲宗歲甲辰予客甬江晤山陰吳子鄉瞻論堪輿學述周景一先生巔末事得聞其所傳指迷原本與予舊帙吻合因以知與鄒鶴齡向讀其書今恐其久謬貽學

者名必歸之也獨借其書啟諸家精且確而不盛傳于世蓋以其人不求名譽渴知音而方盤所學如吳子稱述叨承樂時先生與其族福友籌居停數十年發祥諸塋悉由指示頗行卜始以篋書贈其惟惠也若是此書之所以不甚傳而獨爲吳氏秘及吳氏簪纓世顯好事者僅以此法數卷輾轉傳抄假名刊布增損舛訛豈知完璧固有在一斑未足以窺全豹况更有毫釐千里之謬哉今讀全書原本萃青囊之秘要闡黃石之微言細若機絲朗如金鑑較傳抄諸本言辭闕失閱未竟而厭

倦者不啻霄壤實爲開鑿混沌昭晰陰陽秘笈得其旨

者何至望洋興嘆迷于所覩乎爰與吳子互相討論增

註成編質之同志咸以爲可夫求名師不得讀名師之

書即得也自應公之宇內使人探寶鑰家奉南車山川

不能遁其形賢達不得專其美先生之教庶與日月終

古矣因付梓人而述其大略如此

時

乾隆丁未春月晃門俞歸璞序

周景一先生者明初台郡人也善堪輿爲予先世婣婭
許貽地理指迷書四卷珍爲家藏遞傳弗失予向答四
明見目講師地理索隱即指迷也有山法而無平洋且
刪減殆半無以發明頃有以指迷爲宋王伋撰或稱元
譚仲簡書鏤板行世書同名異何以証之嘗讀族祖環
洲公序先生本業儒而性躭山水得青囊之秘人以地
仙稱前明永樂間遊于越與予三世伯祖裕菴公深契
居停有年家數善地悉由指點蛇山眠犬爲最著正統
十四年先生辭歸爰以篋書贈此書之由來也其後予

族丁齒日繁簪纓繼起以忠孝文行武功著者代不乏人四百餘年來予姓負裘仰承如昔食先生之德而揚其徽者迄今猶稱道弗衰書之傳也蓋確有可証[illegible]先生潛德高風深自韜晦不著姓氏于書傳抄者[illegible]根荄刊行者借名於世或圖簡略率意刪除玄[illegible]殊失廬山面目況少平洋一卷猶非全璧其[illegible]諱王仮託仲儒者郎非漫無所據亦可無論已[illegible]孝[illegible]兒門爾歸璞先生共事甬城見予指迷頃[illegible]誦[illegible]所[illegible]卷帙相同幸舊錄之猶存較傳抄之承脩因思所以[illegible]

世而予亦有同心於是反覆參詳逐篇增註三易其稿猶慮不能闡其微同人謬加稱許爰付剞劂皆所以推廣先生傳書垂教之意俾究心地理者識山水之性情辯龍穴之真僞吉獲牛眠慶延麟趾作忠作孝黼黻
昇平知先生加惠于地學無涯而人子之葬其親端賴是編傳之不朽云

時

乾隆丁未仲春山陰吳卿謹序

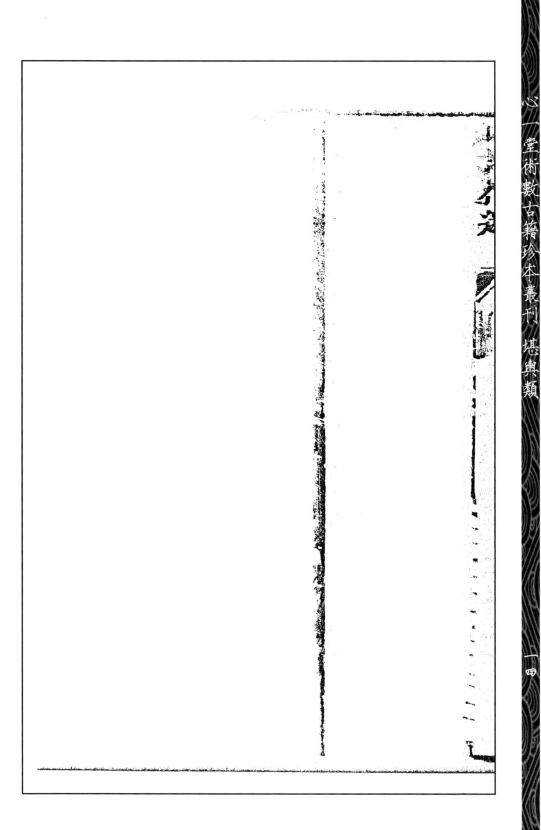

凡例

一是書山龍專重開面平洋尙重束氣開口佔地步則
山洋均重書凡四卷第一卷首論巒頭爲本爲全編
綱領[illegible]背分斂仰覆[illegible]皆合割四篇緊論開面縱橫
[illegible]全聚散州篇[illegible]論地步二卷分論開面三卷
[illegible]地步後以明向[illegible]步包裹形勢星辰爲山法諸
篇紀束饒減[illegible]棄[illegible]枝[illegible]深門篇乃立穴定向之準
編所以補葬法之未備四卷尙論平洋承山龍開面
說起以山洋異同篇總結全書

一是書山法諸篇雖經坊刻尚有未全而平洋一卷更爲世所罕見標題山洋指迷者實與他本不同

一是書正文圖說悉照原本不敢增減惟大槪抄本間有詮註雖不知何人手批然足以闡發文義者亦採録附入此外尚有未甚曉暢處或引前人成言或另增註解加圖別之第四卷本無註釋並經彚註更有語意難顯者推廣正文本義附以圖說復將每篇警句旁圈分清段落庶可一目瞭然

一是書娓娓數萬言如剝蕉抽繭層層推勘縲縲入扣

其妙處全在一正一反對說如何是眞必言如何是
假絲毫不肯放過雖字句不無重複處然縷晰條分
各有精義潛心披閱自可豁然貫通初學最易入門
高明者亦可擴充眼界開拓心胸
一是書評論山洋每篇先言龍脈次及砂水穴情分別
龍穴眞僞大小瞭如指掌至山龍分斂篇云穴後宜
分不宜合穴前宜合不宜分平洋龍體穴形篇云後
以聚氣爲証前以明堂聚處爲兜總括山洋龍穴要
旨可謂要言不繁

一山龍落脈全在亞頭踴面結穴全在毬簷唇毡辯脈穴眞假已備於首二兩卷若乳突窩鉗及平洋龍體穴形諸篇尤為穴法精粹是編應推巒理上乘

一山龍有三分三合水平洋有大分合小分合眞分合之水山洋龍法穴法大略相同太陽太陰少陽少陰四象論平洋形勢亦與山龍彷彿可以參看

一平洋來氣無形可尋脈看水繞前人原有論及是書辯明收放之法各有眞偽近山平洋有脊脈者不可無水繞遠與平壽有脊脈以低田低地爲堂界而無

明水若深可無大水會合及出水蓮花泊岸浮簰逆
水沙小者等他書無此發明
一點穴自古稱難欲明點穴之法莫過此書明白暢達
亦莫過此書山洋妙論精微法無不備且以補山龍
穴法之不逮洵有裨地理更匪淺鮮

山洋指迷目錄

橫面　偏面[illegible]面

陷面　纏面

深面淺面　交面

開面多寡　雌雄

開肩之面　合唇[illegible]面

石山　土山

獨山　高山

偶有開面　泛頂不開面

卷三

論開面地步包括形勢星局

饒減　挨氣

[illegible]枝　淺深

[illegible]

[illegible]論　因水驗氣

[illegible]　收放

[illegible]　分合

[illegible]　斂割

[illegible]　枝榦大小

渡刼　龍體穴形

脊脈水繞　平田低田

水穴　火嘴

沿海　山洋異同

山洋指迷原本卷上

周景一先生著

山陰姚雨方 校閱
姑蘇俞歸璞
山陰兒卿瞻 增註
姑蘇俞法陶
山陰吳選年 同校
山陰吳太占

論地理以巒頭為本

巒頭不專指星體而言凡龍穴砂水有形勢可見者皆

巒頭內事也。青囊經曰。理寓于氣。氣囿于形。蓋理者陰陽五行之理。氣者陰陽五行之氣。形則山峙水流之形也。山之所以峙。水之所以流。莫非陰陽五行之氣使然。而其中有理存焉。朱子所謂氣以成形。而理亦賦焉者也。但氣有吉凶。不以理推之。則不可得而知。故聖人說卦以明理。用卦以推氣。凡先天後天。雙山四經三合元空。穿山透地。坐度分金。休囚旺相。氣運歲時。皆理氣內事也。理氣諸說各有所用。恐人無所適從。特舉最要緊者。為後學指南。蓋巒頭理氣二者孰重。曰巒頭真。理氣自驗。巒頭假。理氣難憑。故理氣不合而巒頭真者，雖有瑕疵，不因理氣不合而不發富貴；理氣合而巒頭假者，定不因合理氣而發福祿。是巒頭爲理氣之本也，明矣。學者必待巒頭精熟，地之真假、大小、穴之吞吐浮沉，卓然有見于胸，然後講求理氣，以乃取氣立向，控制消納，徵驗歲運之用，亦不可廢。如巒不失其先學理氣，雖貴陰賤陽，來生去墓，諸說紛紛，可拆而言因休咎，似與巒頭無與，往往求福而致禍者，舍本逐末故也。故曰：占山之法，以勢爲難，而形次之，方又次之。又曰：有體方言用，無用則失體。可不知所先務哉。

開面地步

地之眞假大小何以辨之先觀開面之有無便知眞假之概所觀開面之多寡大小及地步之廣狹而地之大小亦知其概何謂開面只以分歛仰覆向背合割八字察之分而不歛仰而不覆向而不背合而不割者爲開面兩者之中有一反是爲不開面何謂地步只以縱橫收放偏全聚散八字察之縱長橫廣收小放大局全而聚大者地步廣縱雖長橫不廣收雖小放不大局偏而聚小者地步狹

分斂此篇論來龍降脈及穴山穴面之分斂緫以諸砂証其開面爲心法全編之主腦也

何謂分斂曰分者分開八字也無个字不成龍無分金不出脈山龍落脈非个字不行落脈處要成星體方有分金之面有个字則開肩開肩則有分水水分則脈清故凡有頂有泡處皆不可無分以爲个字分金之丿音撇乀音除分金之丿乀者分川丿乀成金字之而也但不可三股顯然如鷄爪必有蹩音坐平聲低矮也有平中脈如寬牽線者方是三股一様高起如鷄爪者爲貫頂兩邊砂高中脈微平軟泛方是寬牽線又須大丿乀之內有小丿乀顯丿乀之內有隱丿乀故有人分小分顯分隱分之不同大分者主星頂上分開大乀字謂之明肩明

肩之內又分半大半小八字不論條數多寡均為護帶護帶之內貼脈分小八字謂之蟬翼蟬翼乃出脈處所分之隱砂顯分者明肩護帶也隱分者蟬翼也更有隱者謂之肌理刷開是體上有無數細紋分開者是依稀微茫須細心體認其頂下胸腹間所起突泡或分小八字或分隱八字謂之金魚砂亦為暗翼此半山突泡所分之隱砂此蟬翼砂畧短以上乃來龍降脈之分不論祖山穴山皆宜如此行度處有不同微有臨穴之際或分蟬翼砂而成乳突穴或分牛角砂而成窩鉗穴蟬翼牛角砂之內均須有肌理刷開之隱分方開穴面亦有乳突無蟬翼

可見只滿面肌理刷開使穴腦圓胖以成穴而者此臨
穴之蟬翼牛角肌理刷開總謂之牝牡砂乃爲分盡之
分亦謂分金之面穴後宜分穴前宜合分至此而盡故曰分盡以上槪論祖山穴山臨穴
分金之面以下分疏諸砂名義謂之明肩者以其如人之兩肩如飛鳥
之兩翼又如金字之人字外背內面彎抱向裡者是如背而直者非不論大
小長但不可少在橫降處尤爲緊要橫降無肩落脈必假假如
無大八字或大八字少一邊或參差不齊或一邊背我
或無蟬翼角背面或內無隱八字或大八字之丿乁上自
分个字而成龍不爲我之所用者不論祖山穴山俱無

真結若外有至大之八字帳幕迎送纏護者是也迎送纏護

謂帳幕所分之枝脚又有開肩之大八字三台五腦七腦九腦金

水帳者是也謂之護帶者以其形如垂帶作正脈兩邊

之護從也開脚大星中垂一脈旁分數條細然可見者爲開脚太星與橫山分

落開帳落脈者俱不可少星辰廣濶故須護帶此三者若無護帶

爲出脈無地步護帶不辭開如八字而反插入者爲斂

或直生或背向裡者皆是惟外背內面先分開而尾插入者不是護

帶却背面爲陰砂一邊背我爲無情皆不成地中小星

辰不拘護帶有無有則更妙尖圓方之正體星辰常無護帶

正體星辰開隱今字之面必護帶亦有生於明肩外者有現乘剝開故不須護帶明肩外有砂包裹頂星須為護帶總要外背內面方真謂之蟬翼者以其所分至隱如蟬翼之輕薄並蟬之飛使不同故翼有舒貼二體舒者玄中貼於身至翼尾則分開兩片於旁三股皆然可見貼者翼尾緊貼身上兩股隱然難明三股連中間脈絡薄兩股並排蟬翼皆山頂之蟬翼舒者多而貼者少穴旁之蟬翼舒者少而貼者多開貼者不與然分惟有隱分之勢開腳星辰頂上化生腦無蟬翼界水貼脈透頂為貫頂斷不結地雖有蟬翼而頂上每分三股如雞爪者亦為貫頂中有

水痕旁證者爲蟬翼離身不成地者十之八九須看落脈之飽囊旁砂之向背以爲棄取得脈如鵝毛之仰砂如手臂之向者亦能結地必上截如覆鍋一般落下一段方分兩片於旁始肯蟬身之翼蓋蟬翼非頭上所生乃離頭一段而生非頂上就分三股乃落下一段方分三股若一邊先分一邊後分爲蟬翼參差一邊有蟬翼一邊無者爲邊有邊無皆不成地惟一邊無蟬翼而得肌理之分者亦能成地但肌理之分甚微與邊無不甚相遠亦須以脈之仰覆砂之向背證之若尖圓方之正體星辰與突泡毬簷有

滿面肌理之分者不拘蟬翼有無皆可論地肌理之分亦能分水
故曰無蟬翼謂之肌理剛開者以其所分至隱如肌膚之紋
理又如糊篩在壁上刷作分開之勢有隱然分開之痕影無顯然分開之
紋條須細不體認凡有頂有泡出脈結穴處皆不可少在低小
正體壁突與節泡毬簷之無蟬翼護帶者固全賴此隱
然之分以分開壁面穴面使不能穠歛然而面平即高
大脈腳邊處與節泡毬簷之有護帶蟬翼者亦莫不藉
此隱然之分以成壁面穴面若未分蟬翼之上無此此字
前說分言郎夾貼則開出則窶然而剝飽已分蟬翼之內無此則不

壁而硬而何能使脈路穴情有分金之平面而形如鷄毛毓音蝨平夫山之貴有分者以其能盪開粗硬之氣於兩邊使中間脈路有脫卸而歛泛也明肩護帶蟬翼之分但能盪開外層至粗之氣欲使中間脈路粗硬之氣脫卸淨盡非肌理刷開之分不可故自分能以至入穴無一節一泡之肌理可以直生歛入有生則無孳抱之情歛入則無分開勢之無半突半邊之肌理可以似分而分不淨其星面無壁平而帶剛飽者必無肌理痕影即是似分而分不淨謂之金魚砂者以其如玉帶圍所佩之金魚袋又如魚身之划

宮華翅持降星辰。卯成座罩极星辰半山有突泡者必不可少。半
岡龍巒係論在穴山此為第三分斷不可遺無參差。惟
邊長邊短股明股暗無妨明肩護帶亦然謂之牛角砂
者以其環抱如牛角也簡鉗真假全在此砂硆稜之有
無別之。硆稜者砂身上隱隱有一綫高起彎抱向出也必須外背內面而背面
交界之際對望之若有稜起者為有硆稜如無背面而
內外交界之處對望之圓圓圓圓者為無硆稜邊簡之
搭從是邊長邊短股明股暗若半邊全無者則其無邊
之界水必分肩入於唇內故牛角砂亦不可邊有邊無

謂之牝牡砂者。以其瓏璁臨穴後。隱約蔽穴旁。如牝牡之交合也。牝牡砂從毬簷分來。在乳突隂穴爲蟬翼。在窩鉗陽穴、爲牛角、皆所以包裹穴身、使界水割。不無牝。右必割。無牡。左必割。牝牡倶無。不能分開兩畔之水。必左右倶割脚穴。淋頭必然割脚故穴後無顯旁無牝牡砂約爲割脚

然臨穴之牝牡猶可無。肌理刷開之牝牡。斷不成地。蓋有無蟬翼牛角。但得肌理刷開之面。而成穴者。有之。未有無肌理刷開之面。而但得蟬翼牛角而成穴者。蟬翼牛角不可無肌理之分肌理刷開者。上肉之紋理如牛肉理之斜生而無大主從。斜理分去。壙中無水。而有氣。肌理不刷開者。

土內之紋理如牛肉理之直生而滲入土從直理滲入壙中有水而無氣故穴中有水無水以土理之分開不分開別之則有氣無氣亦以土理之分開不分開驗之蓋天下有生氣者人物草木也人物草木得有生氣者手足眉目羽毛鱗甲枝葉蒂瓣顯然之形體固無不分即寸膚寸肉一葉一瓣隱然之紋理亦無不分若只有顯分而無隱分是猶塑音素畫者雖具人物之形全無生氣何能知覺運動乎星辰雖有明層護帶而無肌理剖開之分即爲粗蠢頑硬之體何能有星面穴面之動氣

示故蟬翼牛角肌理之分更宜亟講也然則穴中有石無石又何以別之曰亦在蟬翼牛角肌理之分而已有其分者剛硬之煞盪開兩邊中間自有雞平硬中裏軟必然無石縱有石亦如入字分開其石必嫩不謂之煞石紋分開之中必有土穴無此分者剛硬之石藏於中間必無雞平而飽硬即無石而純土亦不可扦多有石山土穴葬後禍不旋踵總由無雞平分合渾身是煞故也帶石之山其石一直生下或鑿傍插入陰煞極重惟石八字分開而有真雞員平者平不有渾石亦無礙謂之分盡之分者以分開金面之下

仍有分水之脊出脈者未可言分盡也金面下無坪平而有脊脈搶行而未止必至毬簷之顯分而見蟬翼蝦鬚隱分而見肌理剐開蝦鬚指毬簷外分水言毬簷顯分自有蟬翼可見若蝦乳蛾突之隱分惟有肌理剐開中間不復有脊脈之起面前惟見有圓唇之收穴暈前有微茫之小明堂方見圓唇兩角收上而挖起方為分盡分盡之處即是結穴之處謂之分金之面者以穴後毬簷顯者如覆鍋隱者如泥中蕩穴前對望儼如金字之面俗謂之金星陽公謂之乘金其勞中處是分金之中也即穴之中心分金之中即是點穴之中未分盡而强扦之曰鬪是純陰扦穴鬪煞即傷脈已分盡而

緩扦之曰脫(是純陽扦穴脫脈卽無氣)不於分金之中而旁扦之曰偏(失脈)偏則溢出脈如菓蔕之摘於心結穴如花心之接於蔕故曰點穴之訣在貫乎一脈之來而處於至中之地豈非言分盡之處係分金之中卽是穴之意耶以(上論分以下論斂)其明肩護帶蟬翼牛角肌理不自內分開而反自外插入卽不插入而亦生無抱向之情者均謂之斂(要本身被蟬宕開如入脇開作攝爲能)或有大八字而無隱八字或有隱蟬翼而無明肩或邊有邊無參差不齊者亦謂之斂蓋窩分不分卽是斂也斂則生氣不行與分相反分者

陽氣發舒生長之象斂者陰氣收藏肅殺之象故穴後毬簷溯至分龍太祖俱言分而忌斂但山之全無分者亦少似分而非眞分者最多顯然分開斂入者易見隱然分開斂入者難明或大分小分似乎俱備而地反假或顯分隱分似乎有斂而穴反眞諸般疑似不決者惟觀其脈路穴情如仰鵝毛之亂茸牽線之軟兩邊護砂穴牝牡砂俱是如側手臂之向者必眞脈路穴情如覆鵝毛之飽或如急牽線之硬兩邊護砂如側手臂之背或如手臂之覆與仰而不向而背者俱假分（覆則不背而仰）

而不同雖仰何爺、以此法互証之確無假疑使不難盡剖矣

明肩護帶蟬翼肌理刷開之圖

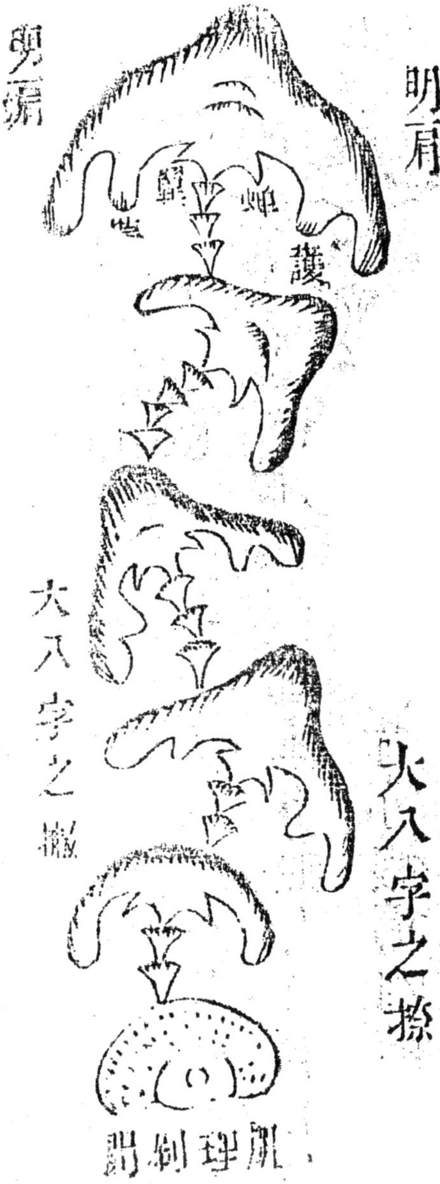

右圖上五節開腳星辰下一節正體星辰

群龍並出圖

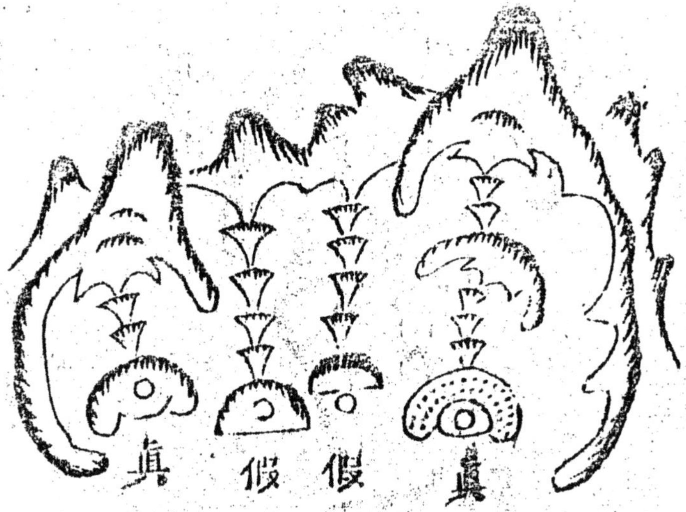

第一節大八字大故地大第二節左邊無大八字左龍之大八字反背地假第三節本身無大八字左右砂俱背亦假第四節大八字小故地小

僞龍之圖

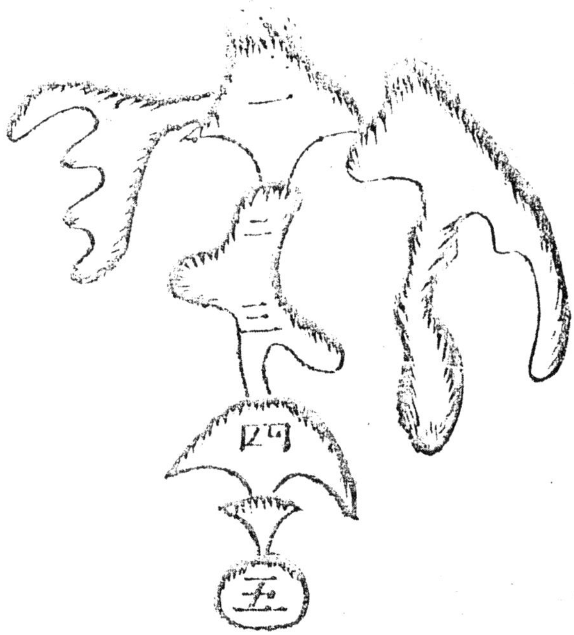

第一節雖分八字出脈濶大貫頂二節無大八字三節大八字參差四節無蟬翼三股如鷄脚五節囫圇無稜角俱假

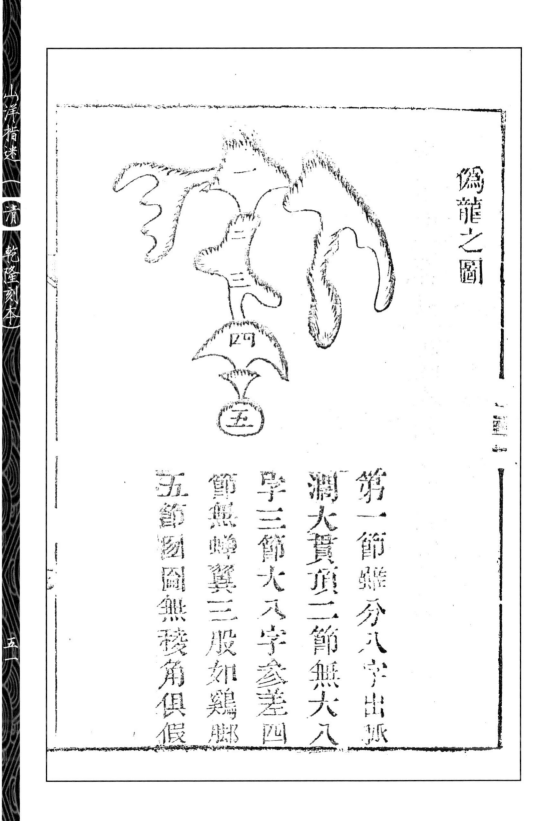

病龍無碍之圖

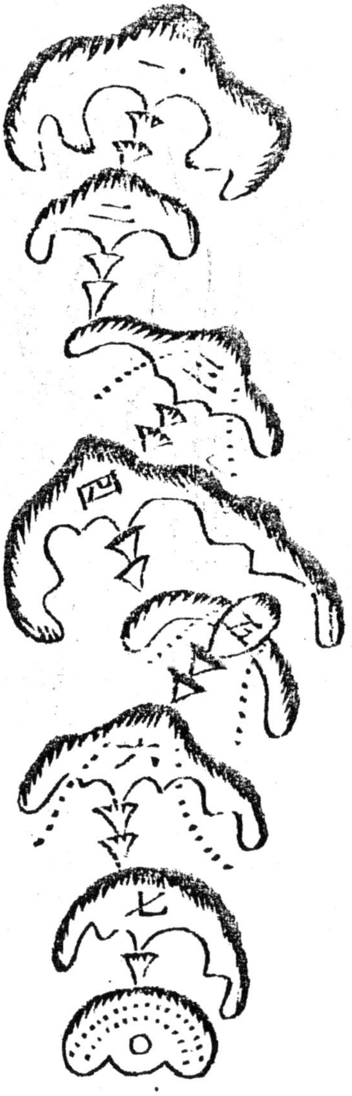

右圖第一節。護帶斂入。先分開而外背內面無妨。三節六節。界水透頂在蟬翼外無妨。四節左邊無蟬翼

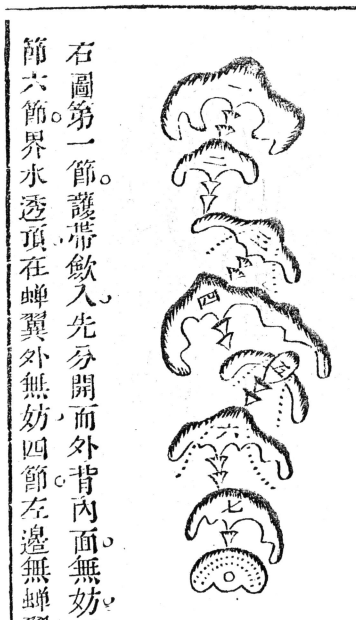

犯邊有邊無之病。如在穴山、多不成地、今在後龍、旁砂如花瓣相向、脈路如寬牽線。前後龍俱開面無妨。五節脈路濶大似貫頂、但有肌理剖開逼開界水、不致扣脈、非無分中有分、則必有小墩小平而不硬直。亦無妨、七節左邊無蟬翼砂、本是大病、幸非穴山、前後龍俱開好面。本身脈如寬牽線、旁砂外背內面故無妨、若半山無金魚砂界水扣勁割脈、得脈如寬牽線。左右砂外背內面者亦無妨、穴節亞體星辰似飽、幸而兩邊稜角伶俐、中有肌理剖開之分、必有小墩小平之勢。故雖似飽無妨。若八字剛圓無稜角。中間雖有肌理隱分。而無數次小小。矬小平。及無兜顙（信音）之微有（音一無米之穀也）者。爲分不盡。必無融結。況肌理直生斂入者乎。

凡分斂之病。共有十八。至凶而不能變吉者。有十焉。一曰無大八字。二曰大八字參差不齊。（一邊先分一邊後分）三曰大八字少一邊。四曰大八字剛圓無稜角。（剛圓所無背面無背面即無稜）五曰大八字之內既無蟬翼。又無肌理刷開。六曰界水夾脈透頭。（頂前出脈頂覆）七曰護帶外面內背。或無背無面。

自外插入。八曰蟬翼參差。金魚砂不齊。九曰到穴無分
金之面。或牝牡砂不全。十曰肌理直生。飲入龍有病能
變好面而結小蚫者。設曰大八字一邊反背。二曰大
八字自外个字而成龍。三曰大八字反小而不員其小
八字此三者得下面慱出星泡。穴山成星體吉形卆山有逝脈節泡有
分金之面脈絡仰面不覆穴情面而不飽矣。牝牡砂均蹄穴毬簷
有將分之而左右砂向而不背處指龍砂者出唇吐氣砂水聚集
者仍有小結。不可以祖山不美而棄之。雖有病而不傷
大體者五。一曰大八字一邊倒稜。二曰本山出脈處破

護龍之砂自外挿入。三曰內層之護帶蟬翼當小。外層之護帶明肩當大。今相同如棕櫚葉。四曰後龍山頂雖顯肌理之分邊有邊無。一邊有則生氣從有之一邊落下故無砂半邊界水夾脈透頂。五曰半山無金魚砂或邊有邊無。此五者得後龍節節開面。脈路段段鏈乎。旁砂面面相向。毯簷唇口分明。局勢環聚者。雖有一節之疵。不滅眞龍之力。又大龍將盡。節節分枝。枝枝成地之處。其分龍處之大八字護帶。一邊背我者。不可以起祖發足之山谷論。此分龍是大龍行度處分來與起祖發足之分龍有別蓋枝枝成地之處分大龍一二節即入穴分龍便作太祖故亦目分龍辯見第三卷因其背我而棄之脫化多者砂水不能處處拱顧眾龍眞穴的間或有背脉妨只要出脉處分龍出脉處有小開面有壯有平前途能傳出數節開面星辰本山枝脚不顧入者亦成中下之地以上論痴龍棄取

或曰從來只有分合二字今分字下添入斂字合字下添入剖字何也曰向背仰覆聚散六字一好一歹音堆俱有相反者爲對獨分合二字俱在好邊求其與分相反之字合字是也求其與合相反之字分字是也然穴後宜分不宜合穴前宜合不宜分也分則氣來合則氣止單龍說穴法二句包

括殆盡此不但指穴後穴前之乾流水痕言故以斂字易合爲分字之反謂穴後只宜分開不宜斂入以割字易分爲合字之反謂穴前只宜合脚不宜割脚也合脚者金魚水從毬簷後分來合於唇下又有兩砂兜抱其唇也割脚詳下合割篇

或曰斂字與合字義似同而云息斂者何與曰合字穴前始用之自穴後毬簷溯至分龍太祖一見斂入生氣不來況合者先首內分開外背內面而環抱其內也斂者竟自外揷入內背外面或無背無面而揷入也是以有別上二節概論分斂

或曰但聞穴旁有蟬翼未聞祖山山頂亦有蟬翼。董德彰云出身處有蟬翼護帶前去必成大地。說見四神秘訣。出身者太祖分龍處也則蟬翼豈止穴旁有哉。此

節論出身處蟬翼。

或曰肌理刷開未嘗聞之。曰橫看壁面直指斜膚彷彿有無是為得之。此古人語也非肌理刷開之謂乎。

或曰顯八字之內固不可無隱八字。但隱八字如蟬翼者可見。如肌理刷開者非法眼難明。或草木叢雜或種植開損雖法眼亦難明。且山之个字三股者居多豈盡

如鷄爪假个字乎曰但觀山頂上截有一段平面無陰脊透頂有微有平落下一段方出脈如寬牽線仰鷄毛者定有隱八字便是正脈若陰脊透頂不先作一紐之勢而出脈如急牽線或如覆鷄毛者定無隱八字卽有亦是砂體蓋眞个字必平而無脊上半截有肌理隱分不遽然分開三股故有平面山頂上半截有平面方爲開面之眞假个字必渾而有脊上半截無肌理隱分渾者剛飽之謂山頂上半截有脊而剛飽者卽是謂頂出脈卽截然分開三股故無平面也此節論个字眞僞

或曰同在此山何謂自外插入卽插入便何妨曰如八

□□有顴□分臂法令紋從鼻旁分出。爲自內分開。方成人形。若顴目角太陽生來。法令紋從兩顴權生進。爲自外插入。使不像人形。分如花果之細枝。數片嫩葉。一莖插枝。從本枝本幹分出。爲自內分開。方成花果。若本枝無數叢雜。或有而不分。被旁枝之叢雜。插入本枝。爲自外插入。變不成花果。故大小八字。要在本身之頂。兩肩先作分開之勢。然後環向其身者。爲自內分開。方能成地。若本身不先作分開之勢。被隔股別枝之砂。從旁插將進來。爲自外插入。斷不成地。蓋自內分開而環向本山者定是外背內面自外插入而唐突本山者定是內背外面或無背無面若本身已有大小八字自內分開而隔股之砂自外插入則不忌但面來向我者佳

此節論穴山大小八字之分歛

或有龍格中雜梧桐枝兩邊均勻蒹葭杷梓楊梛等枝非參差不齊則邊有邊無其福力雖不及梧桐枝未嘗爲假今以參差邊無爲假得毋背先哲之論乎曰彼所論者衍度處之枝脚橈棹予所論者開面處之大小八字楊柳蒹葭邊無參差而不妨者以分龍入首開面

成星自有明肩蟬翼之齊分者在。設此處邊無參差，雖梧桐枝亦假，烏能成地。此節論分龍入首必須明肩蟬翼

或曰：分斂之法可辨地之真假，亦可辯地之大小乎？曰：但觀其始分再抽之際，大八字大護帶多者，前去必成大地；大八字小護帶少者，前去必成小地。此論護帶

或曰：十六字中首列分字者何歟？曰：分字即開面之開字，未有不分而能開面者也，故分字爲首重云。

或曰：子言無分金不出脈，豈水木火土無脈乎？曰：五星之體不同，而分金之面則一。星體雖不同，而落脈必成金面，故曰分金。蓋言分

（此如金字之形爲面也非謂五行之金）如曲些是水之分金長些是木之分金尖些方些是火土之分金五星皆有分金之面然後出脈也（此論暈面）

或曰子言分金之中是點穴之中金星弔角穴閃薄邊者豈亦在分金之中乎曰金星弔角者因當中不出脈閃歸个字之丿乀邊出脈而隱然分金之面在於角上也（金星弔角大金面之旁另開小金面扦穴小金面之中即是分金之中）穴閃薄邊者因當中厚而死分金之面閃歸薄邊如人側面一般雖非折量之中未嘗不在分金之中故宜就其金面中立穴

也。此節論閃脈
或曰何謂化生腦。曰山頭。如人之頂。化生腦如人之額。
山頂前之微突遠於山頂者是謂之化生者。以山之起頂乃是陰體欲
落脈必先作隱隱分開之勢。將硬氣盪開兩邊則隱分
之又下必有一呼之微有如小兒顖門之上截。如兒顖上截
者喻其有之極微此。陰化而爲陽也。從此化陽之前生起小腦。
是爲化生腦。此陽化而爲陰也。頂前落脈微有有前微起有此陰陽變化脈方
不死陰。陽。變。化。呼。吸。浮。沉之機已朕兆於此。吸則氣升而浮呼則氣
降沉而故其腦上必有分開之金面分下有一呼之微有

有前有一喙之微起微洸便是小腦而此下之節泡毬營亦莫不從此化陽之前生泡故脈動而氣生若不從化陽之前生泡則生機已絕無陰陽變化即無呼吸浮沉之動脈何能有氣有前生突則氣生不從有前生突則氣死故須前無此腦推出而穴中直見其真者固不成地即有此腦而不從化陽之前生出則陰然未化亦不成地有腦而無有即是純陰此節論化生腦或曰篇中引喻人物草木於地理何關曰以其分合向背之性情與地理同地之生氣不可見故以分合向背推之地之分合向背亦如人物草木之分合向背也然

非登覽涉歷細心理會難拔而知今試以人面喻之百會山頂也額化生腦也耳與顴骨大八字也眉目小八字也面上肌膚細紋肌理刷開也法令紋蝦鬚水也印堂平脈不貫頂也山根軟元武垂頭也鼻準豐隆天心經穴也準頭截斷毬前一縱而脈止也人中葬口也下頷圓唇也法令頰骨之兜收下合也再以花木喻之放甲祖山之分也未抽條先布葉如有个字方出脈也欲作條先分枝如有梳棉方成龍也大葉之內旋生小葉如大八字內有小八字隱八字也花蒂到頭束氣也花

闢開窩結穴也結果聚氣突穴也花瓣之故闢上分也花瓣之抱向下合也眉目法令甲葉蒂瓣俱自內分開外背內面非自外插入俱雙雙對分非如不對節岜邊無參差山之明肩蟹翼金魚砂俱當似之反此則假夫人物草木之與地理同氣而異形萬殊而一致散之雖[illegible]此要之可以相通故昆虫物類皆得以取形定穴[illegible]雖變而分合向背之性情則一也

仰覆。此篇端論垂頭出脈以証開面之有無

何謂仰覆。曰如仰鵝毛寬牽線爲仰。如覆鵝毛。急牽線爲覆。仰鵝毛與寬牽線寬軟無異覆鵝毛是飽肚急牽線是直硬二者不同山仰是開陽獻面陽主生山覆是純陰表煞無生煞也。仰鵝毛俗呼鵝毛毻寬牽線皆軟脈之形也。出脈如之自然有撲前之勢有顧下之情即是垂頭自成章云垂頭開面精神所注顧左則穴居左顧右則穴居右顧中則穴居中。急牽線覆鵝毛皆硬脈之形也。出脈如之自然有退後之勢無顧下之情。則是不垂頭。大抵頭俯則腰軟自然開而頭仰則胸突意向前發頭之垂不垂在嫌平之有無眞假定之嫌平之有無眞假又在分之

有無眞假定之眞分者顯分成个字之形盪開外層之
硬氣隱分成分金之面盪開內層之硬氣硬氣盪開於
兩旁脈必脫卸而軟泛故隱八字之乂下小毬一毬而
有數尺之峻峻前小毓一毓而有數尺之平眞（此論山開面出
脉）其平盡處近下看之必是些些突泡唇之（此突泡在山前卸是化
腦）生其泡亦必有隱八字之分有小毬小平遞下凡有微
泡突（概指遞脉泡而言）皆分隱八字而隱八字之乂口必有微
有（微泡有有方見八字隱分遞脉）如小兒顖門之上截脉從此微有
中遞下者即是脫卸而軟軟之甚者以二三小毬小平

作一大毬大平之勢亦面又有總還氣之大
平下又有大平之總還氣方見脫御之極大平盡處
軟但下面又復有分此處尚非穴場
望之必是一大泡其泡又復有分有毬有平遲遲而下
脫御不甚軟者止有數次小毬小平或間中毬中平至
毬簷下。方有總還氣之大平。脫御不甚軟故遲脈無
還氣之大平直至毬簷下
圖唇托起方　然山體不一。有三停俱大毬大平而內復
是總還氣
有小毬小平者。有三停俱小毬小平者。有頂上二三小
毬小平。不截有大毬大平。或中毬中平者有中截只小
毬小平。生下截有大毬大平。或中毬中平者。有毬短而

平長者有矬長而平短者有極矬極平者有略矬略平者有矬不甚峻而平極平者有矬極峻而平不甚平者有矬極長而平在依稀之間遠望如貫牽線有顧下之情者有矬極短而平在依稀之間遠望如急牽線無顧下之情者有大小疎密長短不等磼然迭出者雖如此變化不定聊取其中四者論之以概其變曰大矬大平小矬小平極矬極平略矬略平而已以上概論垂頭出脈以下逐類分

疏　大矬大平者形如長寬牽線極矬極平者形如極寬牽線其垂頭之情不拘遠看近看橫看對看明眼庸眼

皆可得見後龍數十節如此者必是特達之龍穴山三停如此者必是顯明之穴然不可多得也後龍十節之內有四五節如此者亦是特達之龍穴山三停之內有一二停如此者亦是顯明之穴略雖略平者形如略覺牽線其垂頭之情近看方見而遠看未必見横看方見而對看未必見明眼方見而庸眼未必見後龍縱三五節於極雖極平之中亦是特達之龍若太祖分龍少祖父母山三停落脈皆如此龍雖不假决不發揚降勢不尊故也分龍少祖父母山出脈處俱宜極雖極平或大雖大平以見聳發聳拔降勢尊嚴龍身長短

貴賤亦於此辨若三勢與脈俱略穴山三停之內太
雖器乎節是低小峯[illegible]勢最微薄粗分
龍少祖父母山星龍身之三停頂前化生礁一二停於
腦牛山金魚砂纏穴毬簷星穴山之三停
極雖極平之中亦是顯明之穴若三停落脈純然如此
須觀頂前之化生腦牛山過脈之突泡穴後之毬簷不
塌頭而有金泡之起不裹煞而有金面之開脈必從隱
八字之又口而出而隱八字之又口不對一个貫串而
下者為眞若塌頭而金泡不起裹煞而金面不開脈不
從隱八字之又口而出而隱八字之又口个不對个左
右散亂而下者為假。穴山三停落脈若俱無大雖大
平以个字之貫串散亂辨脈路淡

情眞假自無通形力量只隨後龍。不以到穴之略寬牽線限之。

小蹺小平者。形如短寬牽線。又如小兒顖門之上截蹺平之勢。短而隱。遠看必不見。兩邊隱八字不蹺而遮其中心之蹺處。橫看亦不見。遠看不見其小蹺小平之勢。則必類不蹺不平之體。橫看不見其顖門之有。則必類長牽線之形。惟襍數个大蹺大平之長寬牽線。極蹺極平之極寬牽線者。即遠望亦有毬頭之勢可見。若其小蹺小平連有數次。或一餘次而十餘丈間無稍大之蹺平者。其毬頭之情。必非遠觀能見也。蓋有蹺有平之寬牽線與大坐大平之長寬牽線遠觀而見者即是垂頭即小坐小平如短寬牽線近觀得見者亦是垂頭惟不坐不平如急牽線者方是不垂頭然垂頭不出於个字分金之面雖大坐大平如長寬牽線亦是假垂頭出於个字分金之面雖小坐小平如短寬牽線即是真垂頭不可因遠觀不見而棄小坐小平之真垂頭也勿因大坐大平之寬牽線遂忽畧不辨真假故但小坐小平之類急牽以有無个字分金之面別之線與真急牽線相去不遠不可不辨如背駝而陡而覺而平必金面有拜前之勢拜前即是撲前左右有內臂之情

頂上明肩中停暗翼齊齊分開不邊無參差不自外揷
○入性情不側面顧人界水不透頂扣肋○山頂落脈如鷄爪水必透頂乍
山無金魚砂水必扣肋○此論有稜有角不破不斂而
山頂而兼及半山遁脈分砂
○承上言界水不透頂扣肋則山頂自正面
端正開面、與明肩自然不破不斂而開好面也
觀之頂開有隱隱八字如糊簾之剔開隱八字中又有
小矬小平如小兒顱門之上截矬平之間有短寬毫線
之勢矬平之盡有微突拾起之形[illegible]○此言山頂開面出但有小矬小平
而微突又開金面分隱八字一矬一平如[illegible]顯微有垣
前微突開面方有隱分微有如短寬毫線遁下凡有微突落脈小矬小平故

半山遊脈只有微突俱有隱八字之乂口个頂一个貫串而下不左右散亂脈貫隱八字之乂口隨其微起微趖之勢而下便是生氣之動反此則假然非明察秋毫不能辯此凡出脈處分龍少祖父母山出脈之處俱是辯龍辯砂到穴處穴山俱毬簷後是辯生辯死全在此二三小趖小平別之襍數个小趖小平於大趖大平之內與上下者龍力極旺惟祖宗頂上落脈處不宜單見小趖小平之多而遠望類急牽線行度小星單見無妨在穴山有上截指頂前化生腦單見此而下截指毬簷方有顯明之趖平者有中截指金魚砂單見

此而上亦截有顯明之坐平者有臨穴單見此而上截有顯明之坐平者有三停均是小坐小平並無顯明之坐平者俱以上法辯之力量只隨後龍不以此限蓋後龍非大坐大平龍勢不旺故不喜小坐小平之單行穴山得小坐小平生氣亦動故不必大坐大平之兼至穴山有呼吸浮沉之動氣故不必兼有大坐大平若有小坐小平復有大坐大平者更徵龍脈之旺不然無坐體星辰與寬坦之山寬坦即卧體星辰方得兼收而峻急之山如尖火壁立直木插天突金拱起飛蛾貼壁掛鐘覆釜等形此皆立體粗蠢星辰若開面落脈內有小坐小平亦能結地皆在所棄矣

此節論分龍少祖父母山與穴山毬簷泥頂落脈但有小蜂小平之類急牽線若無分假分者或明肩不全即邊凸邊凹或蟬翼有缺或外砂斂入或八字背身硬煞包裹於中間蜂平不見於頂下或有一蜂之峻而假蜂無顧下之情或有一段之平而平盡無抬頭之突此論頂前出脈飽硬或雖有突而金面不開或雖有面而隱八字無有或雖有有而又不對又終如急牽線覆鵝毛因化生腦無真分之面故泄脈無生動之機身無拜前之勢即不顧下頂有塌後之形即不抬頭謂之不垂頭在太祖分龍爲根本光潤前去必不成龍所去必短而不長在行度星辰爲節龍

帶煞後代行至此節必有凶敗之應。[舊有後龍一節管一代之說]得前後龍皆開面不傷大體。如在少祖父母山爲胎息不成。[胎息即子孫蓋自太祖分龍而來行處高大星體爲遠祖遠宗近穴山數節有特起星辰爲少祖穴山元武後一節爲父母則少祖父母山皆在穴山頂上遠祖遠宗之子孫也不成者無發生之意]在穴山頂上爲塌頭在半山爲突胸飽肚在毬簷穴前爲塌頭削脚[穴後不垂頭爲塌頭穴前不抬起爲削脚]有一犯此即不成地。[此節論真急牽線]

或曰山之不可不垂頭何也曰分八字之形是開陽獻面拖中个之直是束陰吐脈隱八字之文下一綫而成顖門微有是陰中化陽氣之呼而沉也有前之脈路一

平而起抬頭微突是陽前變陰氣之吸而浮也此陰陽變化呼吸浮沉之机相遞而下在性情論曰垂頭在動靜論曰動氣卜氏曰山本靜勢求動處蔡氏曰休言是本是金動中取穴楊公曰察其生氣動與不動動則生不動則死氣不可不動故頭不可不垂此節論垂頭出脈

或曰葬經但言元武垂頭今祖宗父母山皆欲垂頭無乃過求乎曰穴左數重皆爲青龍穴右數重皆爲白虎穴後來龍諸山獨不可皆爲元武乎然則胸腹之突泡穴後之毬簷非頭也何以亦欲其垂曰山有泡爲泡頭

穴有突爲突頭毬簷亦泡突也突泡毬簷不垂頭到頭焉得有生氣。此節論來龍及半山突泡穴後毬簷之垂頭

或曰山居突胸飽肚則胸腹之間似不可有突泡而遁脈下來又不可無突泡奈何曰頂下不跌而起突突前不跌而落脈上蹋而下削故爲突胸飽肚若突泡前後俱有跌有平突泡愈多愈有軟泛活動之勢何得爲突胸飽肚。此節論半山突泡

或曰穴居削脚則山成立體穴下峻者皆非地歟曰所謂垂頭者不必定如仰鵝毛之平眠斜戳也如仰鵝毛

之豎蹴亦是故削脚不削脚不在山之峻與平只在形之覆與仰至峻之下略還蹴便是垂頭至平之後無一烓即爲削脚（後無烓則前不還蹴）故曰垂頭不削脚削脚不垂頭第所謂還蹴者不必定有高起一段亦不必定如平地只如仰鵝毛之直蹴比些山壁峻處較平些而有拾起之勢便是還蹴（鵝毛直蹴上垂下蹴）若塌頭貫頂雖下而有平亦非還蹴但眞地之圓唇平仰如臺盤者十有七八半峻半平如斜蹴仰鵝毛者十之二三峻仰如直蹴仰鵝毛者百中一二削下而無還蹴之勢者斷然無地（此節論唇）

或曰寬牽線之脈不出於个字分金之中。已知其為砂體。宜不結地亦有出於个字分金之中而不結地者何也。曰此大龍方行處之枝脚橈棹也大龍之枝脚必長若無个字分金之面與寬牽線之勢則不能遠行以作正龍之護故个字分金之面寬牽線之勢亦間或有之。不能節節俱有也。及觀其大勢必側面而顧入、枝葉散亂操縱由人察其到頭。必覆體而不變。不分金脈純陰無陽故難間有个字分金之面與寬牽線之勢亦不能結地。夫覆體不變易知。側面顧入難察。欲知其顧入不顧入之性情須登高遠望。四面觀之。方可瞭然於胸。内照經有近視遠視高視低視前視後視之法而洋龍穴看法皆當如此若止在穴山一看。未有不被其矇朧也。此節論纏護枝脚

或曰勿見穴山有百十丈急牽線之脈。而又能結地者。何也。曰此八般脈中之梗脈也。乳珠氣皮節泡梗塊爲八般穴脈見二卷發面篇只是透頂如急牽線。故透頂出脈者。爲貫頂。不謂之梗。若山頂分開金面。有一矬之峻。一[illegible]之平。平盡有抬頭之突。又分兩片蟬翼於旁。直下数丈。遠望似梗。如木之梗故曰梗脈。然上面須有隱隱八字。隱隱矬平。脈方不

死故不謂之急牽線若到頭還須起微突之毬簷開分金之穴面毬後毬前俱要有泡平不然則到頭無動氣雖不貫頂出脈亦不成地（梗脈雖能結地仍以到頭有動氣者方為真結）蓋毬後無平何以見其毬之起毬前無泡何以見其簷之滴彎前無平何以見其氣之吐毬簷無分金之面何以見其葬口之開不但梗脈當如是凡穴皆當如是也（此節論梗脈結穴）

或曰山高而雄必有一段之峻山高而雄長者其峻亦長勢必如急牽線奈何曰所謂寬牽線者合峻下還亮

之平觀之也峻下無還氣之平方爲急牽線有還氣之平則此長燄之峻正爲還氣張本何得以急牽線目之然亦要幾個隱隱八字隱隱燄平在此長燄之內非眞如急牽線者方佳此節論高山落脈

或曰平岡龍何以見其垂頭平岡龍平坦而不甚高峻少見起伏曰高山以起伏爲勢而佐之以收放曲折故垂頭之處多平岡以收放曲折爲勢而佐之以起伏故垂頭之處少然不垂頭雖有收放曲折無益故平岡龍於起頂分个字之處得一燄之峻便作垂頭之勢如人仰卧而抬頭顧胸

方能成龍不一總而挺然平去者必是砂體但高山是
坐體星辰總常長而平常短胸腹顯有突泡之遞生故
垂頭之形對面遠觀卽見平岡是卧體星辰總常短而
平常長胸腹微有突泡之遞生故垂頭之情近看方見
至結穴處其頂上開面垂頭之下亦須再有突泡此突泡卽
穴後毬簷分開金面方能吐氣結穴此節論平岡垂頭
或曰橫岡落脈橫龍腰落與大龍行度處開不面落脈者是與肩臂落脈者
從大八字ノ乀遞落脈者是見二卷偏面篇何以見其垂頭曰橫岡肩臂雖
不起頂而貼平岡之前與肩臂上有化生腦并蟬翼肌

理之分有継有平出脈如寬牽線者便是垂頭不必定須有頂此節論橫龍與大八字ソ乀邊落脈

或曰假如一山分作數條並下俱開面成寬牽線之勢如何分主從曰只觀頂下卽山頂前與毬後之一継比他條之継更甚継前之一平比他條之平更長継前有八字水痕平前有抬頭湧突突前有分金之面身不顧人脣圓堂聚者是眞穴兩條相等是並結及此是砂蓋眞龍必翔舞自如旁砂必側體他顧也夫山之喜其継者欲其有垂頭之勢爲下面還竅之張本也喜其還竅者

欲其起拾頭之突爲下面垂頭之張本也上有垂頭之勢下面自然還紌垂頭正爲還紌地步如山頂垂頭出脈半山突泡臨穴毬簷唇氈兜起皆是下面之還紌而本于上面之垂頭也還紌即是起突上面起突下面自見垂頭起突正爲垂頭地步如山頂前化生腦突起可見化生腦之垂頭半山節泡突起可見半山節泡之垂頭是也雖前有八字水痕者乃上下个字相接之處必有八字摺痕收束其氣使脈路有收有放而不直硬其頸也頸即氣脈束細處半前有拾頭湧突者因上面有雖有平有分水下面與在旁觀之自成湧突不必比平處更高一段方爲湧突也故凡結穴之山下論穴山坦峻二體坦而不峻者頭下與毬後必大雖一雖大平

一平。山勢坦而不峻頂下與此處雖似可立穴。指頂下
毬麻後故的有大煞大平。凡結穴
言但有微分八字水痕知其脈尚行前未止處必有
薄ロ如掌心龍脈方佳若
有微參泳痕氣脈尚行極峻之山頂下與毬後亦必
大煞一煞略平一平大雖者峻處不可拔擾畧平者平
處可以聚坐。山峻故頂下毬後
雖長短平而下面方能結穴故不但穴中穴前要平穴後亦
宜有平。穴中宜穴之處穴前指
昝毬穴後毬簷之後也頂下之泡俱宜有小
平也。頂下之漁即化生脈頂下之泡無平者所降
後器平苏見腑之突起。
非真脈毬簷之後無平者穴中雖平亦非平。
山頂前無
即無化生
腦者降脈不真毬簷後無平穴不起頂但不先煞一煞
即無金魚水之分故下面雖平乃穴

雖有平無益者。不先然而平則是純陽。故然平二字不可相離。然爲陰而平爲陽陰陽相見方是生氣。更要然處有撲前之勢。平處有還䶵之形。上不塌而下不側。在个字分金之面中。隱八字之又下者。方是毬。毬後有平要有。有有則雖短無妨毬見其然前之平雖長不然而鋪還假簷。毬前平處畧然方見有不然而鋪則無簷而毬

假悞葬毬後之平者。其平長大禍稍遲。短小者禍至速。

破毬者。氣必散。臨穴之毬眞氣所聚破則氣散毬前然處卸下而來。脈獨簷前平處仰承而氣聚。簷前平處即是穴停來止勿恍認暈前薄口爲平處叢薄口瘞卸下來停處扦穴簷。即是葬是小明堂也簷而扦不但減

耑恐傷其龍傷龍則鬪煞故點穴必在簷前平處。此節分別穴山落脈真偽并論坦峻山脈路穴情

或曰。土山已經垂頭。其肩臂直抱可乎。曰元武欲其垂頭者。取其勢之撲來情之顧。下其兩肩兩臂亦須有撲裡之勢。顯出內顧之真情。肩臂之外。均須有駝出之形顯出撲裡之真。背則本山之垂頭方真。否則雖落脈如寬牽線亦無益也。此節論穴山肩臂

或曰。每見中脈只有小雄小平。龍虎反大雄大平。豈正穴在龍虎乎。曰此當觀其个字分金之出脈顧入不顧

人之性情如出于个字分金之中直自主而不顧人人來朝我者雖小𥁞小平亦是正脈出于个字分金之人以側面顧人人不朝我者雖大𥁞大平亦是旁砂然則龍虎何須大𥁞大平乎曰楊公云若是面時寬且平若是背時多陡岸寬者即寬舒線也个者即有𥁞有平也陡岸者即無𥁞無平而如覆鷄毛也然山面不惟中脈有𥁞平即龍虎亦有𥁞平而山背則不然且龍虎之有𥁞平正以顯穴山寬平之正面耳但龍虎有个字分金之面自主而不顧人仍有𥁞有平者亦能結地 此節論龍虎

鋒平。

或曰。仰者為陽覆者為陰。有陽不可無陰。則有仰不可無覆。今喜仰惡覆何也。曰凡山形俱上小下大。中凸旁低。其體原覆。脈路又覆。則孤陰不生。陰覆之山得陽仰之脈。生氣方動。喜仰者正于覆中取仰。忌覆者不忌山體之覆。忌脈路之覆也。此但指陰覆之山而言。若山體坦平。反宜陰脈。總之陰陽變化方有動氣。然則古人何不及之。曰廖公云。飽是渾如覆箕樣。醜惡那堪相。是喜仰之意在言外。楊公曰。仰掌葬在掌心裡。又云也曾有穴如側掌。卻與仰掌無二樣。雖不言及覆掌而忌覆之意在言外曰金剛肚蝦蟇背鴨公頭非忌覆之謂乎曰好格面平方合樣高山頂上平如掌横觀落脈寬窄線非喜仰之謂乎然則形如覆釜其巔可當謂何曰此當與形如覆舟女病男囚並論覆釜就星體言覆舟就氣脈言星體不忌覆氣脈忌覆故一好一無如此然覆釜之山後無寬窄線之脈巔無平仰之無何能結地覆舟之山分開金面有継有平出唇吐氣突至爲内之意（總是陰宜見陽此節論氣脈）

或曰仰覆二字于地理果何關切曰葬覆鵝毛之山必

主敗絕有不敗絕者必別有吉地然凶禍亦斷斷不免葬仰鵝毛之山必主興旺間有興敗者必祖山分龍而來遠祖遠宗及少祖偶有一二節覆鵝毛不能節節如仰鵝毛也若山皆昇自分龍以至穴山自山頂之頂穴山以至穴唇無一節一假不如仰鵝毛自然發福此節論仰覆

或曰前言辯眞假以分斂仰覆向背合割入字今止就仰覆二字斷地之眞假則彼六字可不用乎曰無矬無乎如急牽線覆鵝毛者非無个字必假个字非一邊反背必無背無面非半山無暗翼而割肋必穴前少圓唇

而割脚若節節叚叚有雌有不如仰鵝毛者必有个字
分金之面外背內面之砂出唇吐氣合而不割故因此
可忝彼六字非謂可遺彼六字也

覆鵝毛

放仰鵝毛

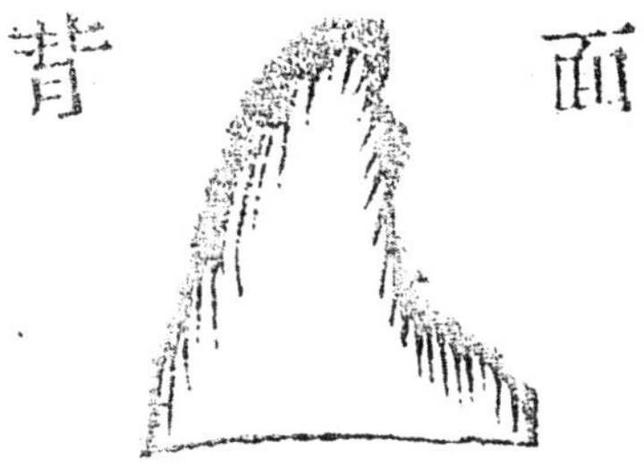

眠仰鵝毛

急牽線

短寬牽線

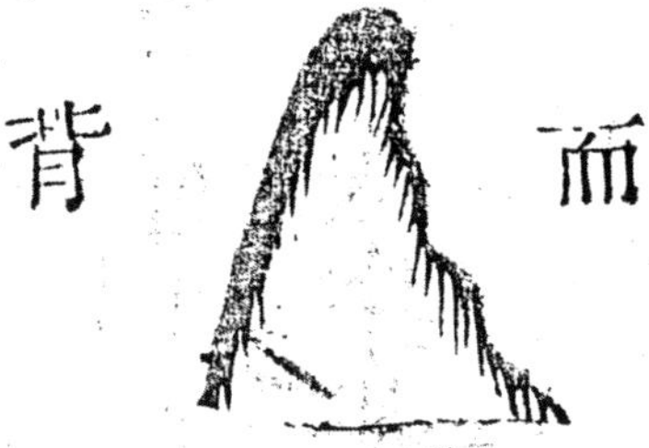

略寬牽線

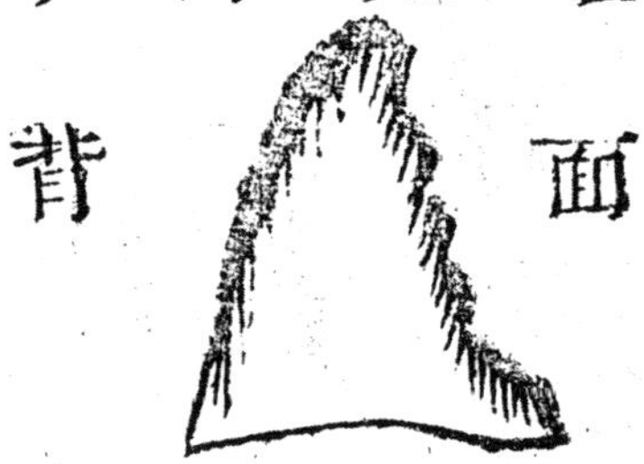

塌頭側脚

極寬牽線

突胸飽肚

𨸏頭之形正面難畫故畫其側面然諸圖亦僅繪其彷彿在學者潛心理會耳

向背

此篇論護砂之背。以證龍穴眞假

何謂向背。蔡氏曰。向背者。言其性情也。予謂無向背。則不見性情。無稜角。則不顯背面。稜者。分開大八字有稜稜也。大八字之邊稜有稜微起角者。明有護帶之稍。如月角也。如手臂鵝毛之側起。外背內面。而相向。爲有稜角。內背外面而相背。爲無稜角。或如手臂鵝毛之覆與仰。而不向不背。亦爲無稜角。外背內面爲有稜角者。抱來固爲向。辭開亦爲向。如蓮花半開時。向其心。至謝時。而花瓣垂下。亦未嘗不向其心。內背外面與無稜角背面者。辭開內爲背抱來亦爲背如鄰菜之葉與我菜心相遠固是背我即蓋過我菜心之上亦是背我蔡氏曰觀形貌者得其僞觀性情者得其眞原其向背之故只在分之眞假辨之觀花瓣菜葉無一片不向其心則可通其說矣花瓣菜葉之必抱向其心者以其從根蒂分出自相護衛也不然則必有忝襯之勢分立之形何能片片外背內面而相向乎是以知眞分者護衛自已故向而不背假分者羽翼他人故背而不向或雖不羽翼他人亦不護衛自已而爲開散之砂故無向無背也夫花與葉

之生氣不可見。觀花瓣菜蒂之相向而知其生氣在于心。地之生氣不可見。觀大小八字之相向而知其生氣在于內。語云。下砂不轉莫尋龍。真的向字之謂乎。但上砂向易。下砂向難。得下砂向則上砂不患不向。必有地矣。下砂逆轉定有真結。其上砂自然相向。若下砂向而上砂不向者。非真穴也。此一語豈非尋地捷法乎。令人不識轉字即是向字。背來駝我者悞認爲轉。無背無面而生轉抱來者。砂脚向外。砂體亦曲轉處似向抱也。認爲轉覷形貌而不察性情。烏能得之。以上論明肩護帶兼及上下砂。總以分之真假。別其向背。至于大龍方行而未止之處。只一重下砂。眞面向裡亦未足恃。楊公所謂纏龍尚須觀疊數。一重恐是葉交互。三重五重抱回來方是眞龍腰上做也。此論龍身行度　他如幇托侍衛。及水口砂星辰之向背則與此稍異亦以分大小八字。腰軟而肚不飽外背內面者爲向無大小八字肚飽而腰不軟內背外面者爲背即非背來馳我無正面之眞情向內者亦爲背此皆不關地之眞假但減龍之福力。此論衛護[illegible]鎮星辰　若後龍星辰之大小八字不相向或有一邊向人者爲假龍穴山之大小八字不相向或有一邊向人者爲假穴後龍之大小

八字相向而兩邊送從纏護砂有一邊不向者雖是龍
必非正龍兩邊之送從纏護皆向而穴山之大小八字
有一邊不向者雖有穴必在他處穴山大小八字兩邊
送從纏護皆向而朝山不開面相向者必是枝龍而非
正餘水口山不轉面向裡者必是借用而減福力水口山有
不向內者穴中不見亦可。此祖山分龍兩邊關阜向
論龍穴纏護兼及朝案水口山
多者龍旺橫龍降脈背後孝順鬼逆拖者穴矣此論分龍處
之護砂兼少入穴見向而遠觀似背者非龍遠觀似向
橫龍後鬼
而入穴見背者非穴然不像背而內有稜角相向者可

取外雖似背而內無稜角相向者可棄不向左不向右而節節鵝毛䟽再得左右砂相向雖旁龍亦可取裁或向左或向右而形如側手臂左右砂更有一邊背我弃本身亦爲砂體本身龍虎向而外層皆向者地大外層不向而本身龍虎向者地小（此論體認內外遠近之向背分別龍穴眞僞大小）有等龍虎氣旺曜氣飛揚自本身龍虎一向之外卽飛揚而去得揔纏護水口山面面相向而抱住其飛揚之砂者反爲大地此當求之尋常識見之外然亦當觀其祖龍何如若祖龍行度節節開面而分龍出帳過峽之

纏護兩邊迎送纏護重重相向者方可（此論曜氣）又有一等龍身於始分再抽之際兩邊護從岡阜向者甚多至結穴處但得水纏脈無護從只有一股陰砂僅堪蔽穴亦為大地（有水環繞不嫌護砂微薄）故向背之本在分龍作祖之處穿帳過峽之時而到頭之向背特其標耳（此論結穴護砂單薄盖指出岸旺龍而言若山谷結地應以到頭眞向多者為貴）又有一等旺龍枝枝結果節節開花一局之中結數地數里之中結數十地其砂必各自顧穴何能層層向我而不背（多有成魚尾砂只作兩邊之護衛）好論其本身之枝葉不顧人而向自己有星面穴面便

是美地其外層皆自去顧穴向能向我只要借用得着湊拍得來像個局面不斜竄壓射便是亦何以眞向多者爲勝。此論翻龍結穴又有一種怪穴後龍之開面垂頭臨穴之結臍吐氣甚眞矣。結臍詳乳窩鉗篇而龍虎狀貌反背而去卽騰氣飛揚以常見論之何能成地及細察之其反去之處有隱隱褶紋抱進或層層石紋裹轉者亦成眞穴如反肘粘高骨鷺鷥晒翼雁鵝反翅諸形是也然非蓋堂之證驗垣局之會聚者不可大地方成垣局中小地只取脣口堂砂爲証。此論龍虎反背坤道珠璣曰衆山拱向似乎有地然要辨其眞假既曰拱向復有眞假乎何辨之在乎識背面而已楊公曰若是面時寛且平若是背時多陡岸凡山之拱向者果皆有寛平之面在前更有陡峻臃腫之形在後乃是面向我背在外是眞向也若反此而狀雖向我其實無面便不爲眞向向主山不眞主山便不結地故看地當內看外看也內看者立于作穴之處看四面之山及本身左右皆有情向我否若衆山無情向我便結穴不眞外看者四面之山盤有穴內見其向我穴外觀之乃反背無

情在嶺地脚穴中所見向我者便非真面向我者假便非真地故內看不可不外看也但形貌背而性情向者外觀雖反背內觀則有情龍穴砂水件件真的又不可執外觀之狹而概棄之蓋大勢反去爲形貌背石紋裏轉爲性情向如上所云鷺鷥晒翼等形是也故石紋之向背更宜細看（統篇大旨總以識背面全在察性情爲主真分假分與石紋之向背是性情）之顯然者更論及內外看法龍砂向背自無遁形

護砂向背圖

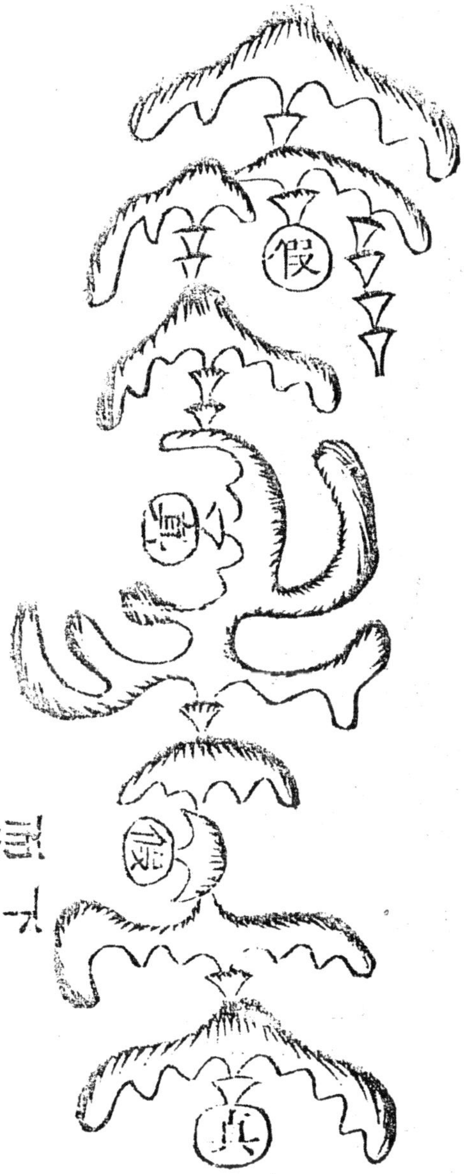

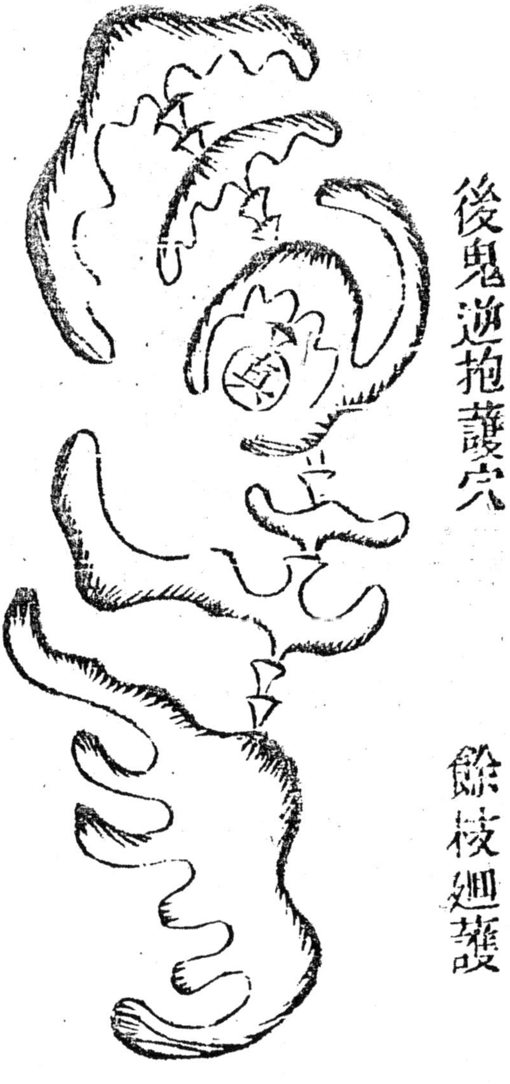
後鬼逆抱護穴
餘枝廻護

合割

此篇論砂之分合以証水之分合水之割可見砂之歛脈穴眞假均于此辨之

何謂合割曰有分必有合無分而歛者必割但割之義有四如山頂化生腦有蟬翼或肌理剛開之分則水痕必在蟬翼肌理之外分開如八字爲界出脈之水出脈處有分砂水必兩分水分脈降故曰界出脈水若無此分水必夾脈而透頭謂之割脈水頂前無蟬翼肌理水即透頭半山突泡有金魚砂之分則水痕必在金魚砂之外分開如八字爲界行脈之水頂前蟬翼脇下之水在金魚砂外分開所以界脈而行故曰界行脈水若無此分水必夾脈而扣脇謂之割脇水毬簷有蟬翼肌理之分則水痕必

在胖腮外分蹋如法令紋之合于頷下。此從金魚砂肋下分出繞穴腮旁而合於脣下。為界入脈之水。毬簷有分砂則穴腮圓胖水于此分脈從此入穴曰界入脈水。若無此分。則穴腮必不胖。水必夾脈而斜合于頷下。謂之剳腳水。有毬簷而無蟬翼服理之分則穴腮不胖穴後兩水直來斜合脣下即是割腳按以上論分水為主故從山頂說到臨穴或穴旁少一邊蟬翼。指乳突穴言而隱隱界水在脣內斜過上。穴旁一邊界亦向脣斜流是割腳而過或餘氣不從本身鋪出。餘氣從穴間鋪出者真詳三卷補儲脣毬篇內或左或右。反高起鋪來。此一邊界水在穴前斜來或兩邊俱高起鋪來。而隱隱界水在餘氣內合于。穴前餘氣不真兩界合餘氣之內爲割腳而合或窩鉗穴。

一邊牛角砂非本身分出界水穿脣斜流穴畔總謂之割脚水乃一乳突少一邊蟬翼砂界水從穴後斜來窩鉗一邊牛角砂界水從穴旁斜流以及餘氣不從本身鋪出界水或一邊或兩邊鋪來合于餘氣內者俱是割脚故曰總是割脚水或大小八字一臂山言指穴被旁頂之砂自外插入其枝縫中必有水痕穿入謂之割臂水割脚割臂不必兩邊齊犯即一邊犯者斷不成地其割肋水間有不忌者必山頂與穴旁之蟬翼俱全脈路如寬牽線之斷半山割肋因無金魚砂得脈路如寬牽線者水從絲平兩邊分去故可不忌旁砂如花瓣之相向其透頂割脈水後龍只犯半邊亦間有不忌者必穴山頂上之大八字

牛山之金魚砂到頭之穴面唇裀俱全脈路如寬牽線之軟左右砂如花瓣之相向但割肋不忌者不拘從龍穴山數百中嘗見一二若透頂割脈之水只犯牛邊不忌者後龍數百中亦嘗見一二在穴山則少見（割肋穴山可犯）（透頂割脈穴山不可犯）犯此者如人少一眉一目如花少一葉一瓣必非本體定有損傷須仔細詳審不可以爲當然而漫取之割字之義盡之矣合者眞地有兩水合假地亦有兩水合（上有分而下有合者眞上無分而下有合者假）合固不可無水亦不可全憑水之合也只有兩砂𢴤收爲合但眞地有兩

砂兜收假地亦有兩砂兜收穴後毬簷分明穴前圓唇托起兩砂兜收其唇者爲眞否合固不可無砂亦不可全憑砂之合也亦有兩砂兜抱坐窩則是假惟有圓唇之兜收乃可稱合之眞蓋分合乃氣之行止非中圓背上中圓即穴暈背上者後有兩邊拖毬簷之分如背之駝出也下之分氣朗爲而行非中圓背下暈前圓唇托起如背之駝出故曰背下兩角收上之合氣朗爲而止分如上弦之月魄合如下弦之月魄分如鼻旁之法令合如口下之下頷分如臍上之胸脇合如臍下之小腹而月之心腹之臍面之人中是分合之中心爲生氣聚處故穴旁隱砂兩角拖下

而未收上。是氣行而來止。兩角收此而不拖下。是氣止。而不行。但圓脣之內。要平。如掌心。而可坐匝水。圓脣內半如掌心處即是小明堂可坐匝水者言暈旁周匝水繞者此也圓脣之邊。要有弦稜方。平。仰而不側。水設如龜背牛鼻。而水分水側。雖兩角收。上。亦非。真合。如龜背牛鼻則無如掌心之小明堂脈何能止然有圓脣之合。而兜。抱。其脣之兩砂。又不可少。不然大界水扣割而來。謂之。有脣。無襟。然兩砂兜抱其脣則無合襟之水為割襟故論合者。當以圓

脣之合為主。次及砂之合。水之合可也。但水有三合。一名三叉水交。合者相交之義叉字相之形三合故曰三叉毬簷之前圓暈之

旁有隱隱水痕。合于小明堂者。爲一合。水。即蟹眼水。半山金魚砂之肋下。分小八字水。遶穴腮旁。而合于唇下。爲二合。水。即金魚水。又名蝦鬚水。詳後叅巒而篇。山頂前蟬翼肋下。分大八字水。繞金魚砂外。合小八字水。繞穴腮外。而共合于內明堂者。爲三合。水。即蝦鬚水。按此論合水爲主。故從毬簷說到山頂。但前言山頂分水在化生腦蟬翼外。此言合水在山頂蟬翼肋下分來。離立說不同。貴則一從砂背來。一從砂面出。至下則合而爲一。內外同流。其此一直水耳。雖貼穴痕影水。自處分合。不須蝦鬚二水。雖屬關所關自明。此三合水。雖無水長流。均有隱隱薄薄。龍虎兜收者。必有交襟之水。其合易見。龍虎綁開。既無龍虎者。山麓一片坦平。支

無交襟之漭惟有明堂低處可意會其合低則水聚三即是合處
合水之地溝處即是三分水流注之源故有三分水必
有三合水不必定有明水交處方爲合也其有明水交
者除本身有龍虎外龍虎界深故有明水惟隨龍大界水合于外
明堂然此水橫局合于左右逆局合於背後順局合于
穴前本身有餘枝數里者其水合于數里之外不可以
兩水大合處爲正龍盡結也

右圖正龍腰結有餘枝故兩水大合數里外

陽脈結穴之圖

毬簷背上

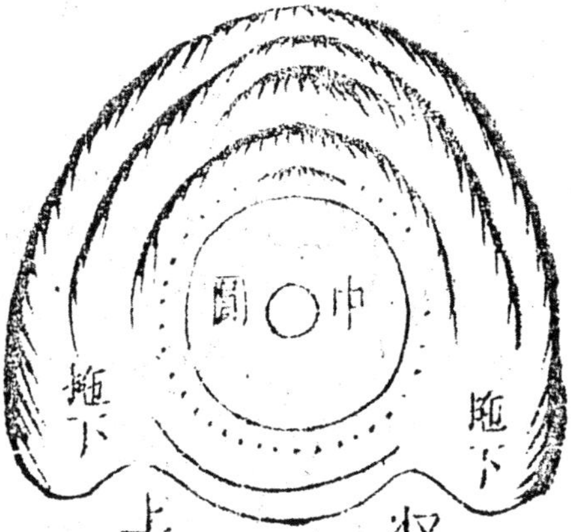

陰脈結穴之圖

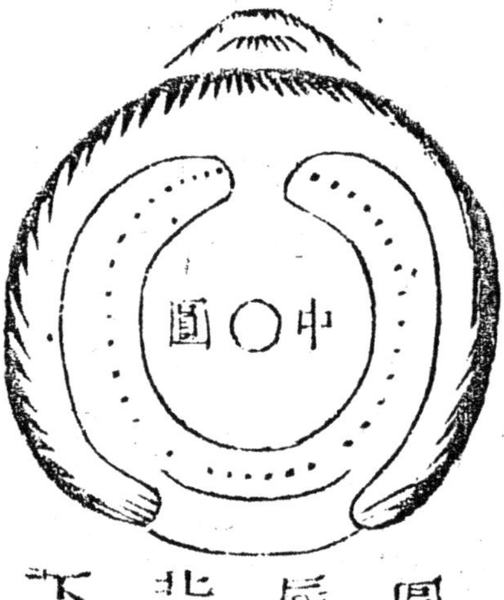

圓唇背下

附正體星辰分合水之圖

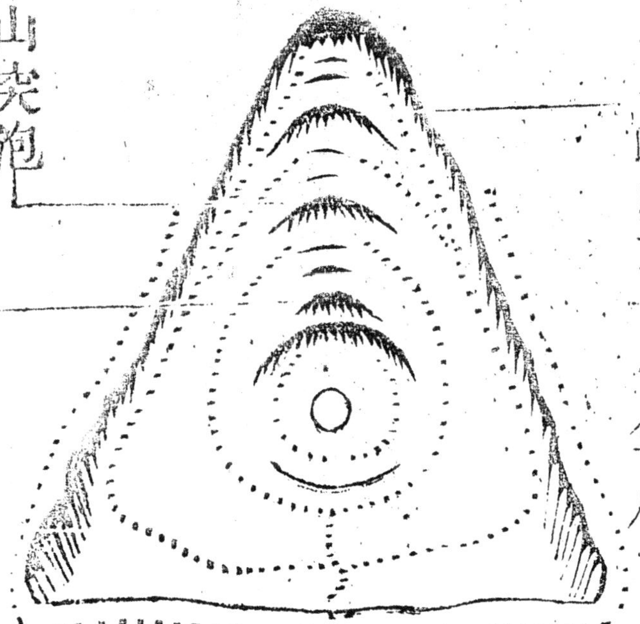

附乳突穴分合水圖

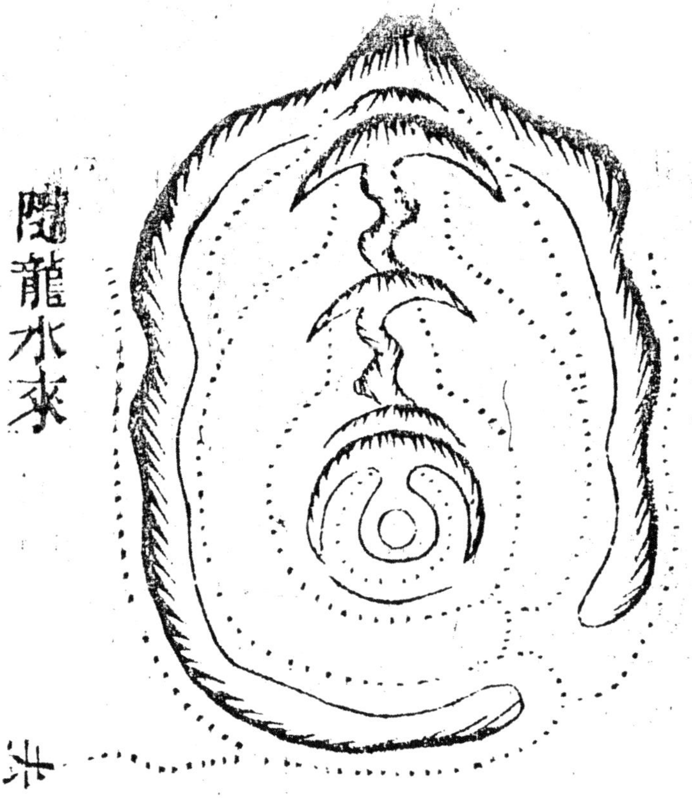

附窩鉗穴分合水圖

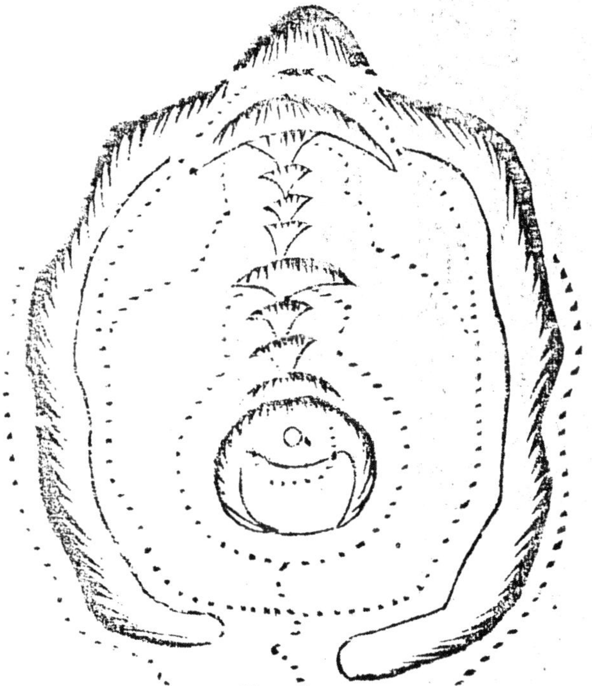

右三圖第一分。從山頂蟬翼肋下分來。即蝦鬚水。第二分。從半山金魚砂肋下分來。即金魚水。亦名蝦鬚

水第三分從毬簷下穴暈兩旁分來即蟹眼水三分
水合于小明堂爲一合水二分水合于唇下爲二合
水一分水合于龍虎內之內明堂爲三合水隨龍大
界水合于龍虎外之外明堂此指正體開脚星辰穴
山高大地步甚廣脈路牽連長遠者而言若穴山低
小脊脈間斷本身不開口穴結山頂壓處與側鉗邊
鉗穴法惟有貼穴小分合水然亦有股明股暗之不
同其第一二重分水在後龍過脈跌斷處見之如開
脚星辰龍虎有饒減而穴山地步無多者蝦鬚金魚

二水或邊分邊併唇下亦不能定有兩重會合蓋山體不一穴法多般前圖惟繪其規模在智者善于窺測耳至內外明堂之水皆會合而流惟小明堂水本屬微茫而過滲入土中設遇大雨溢出從唇上直流者即是破唇

附橫龍穴分合水圖

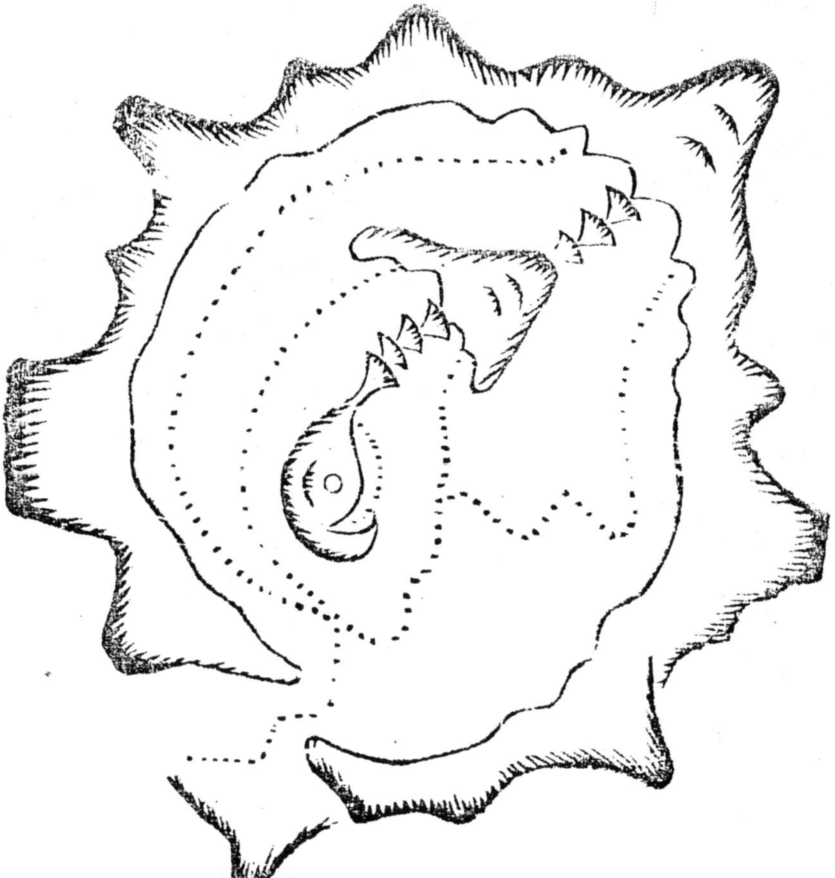

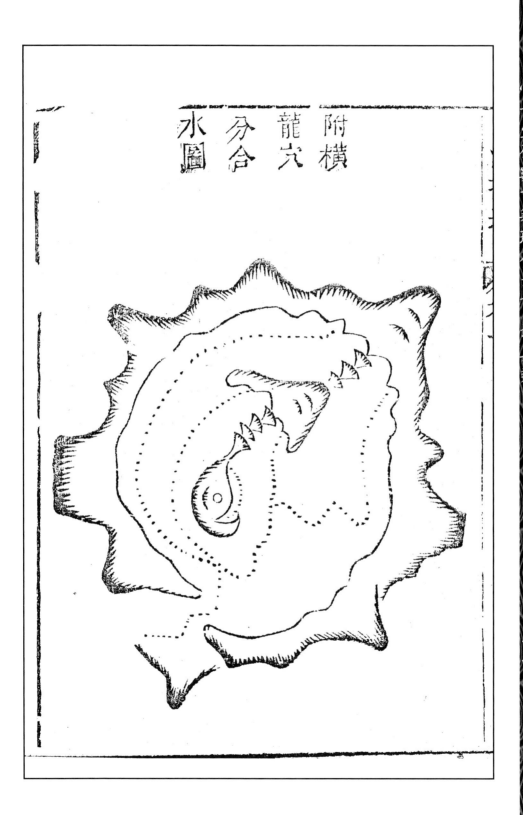

附邊窩穴分合水圖

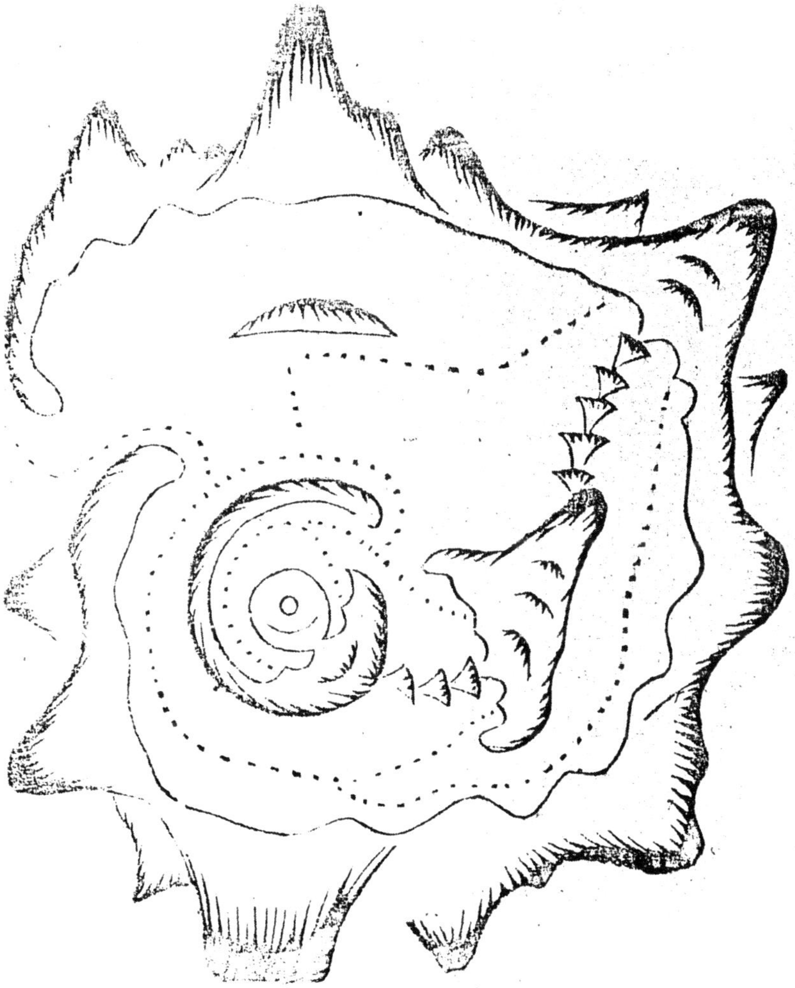

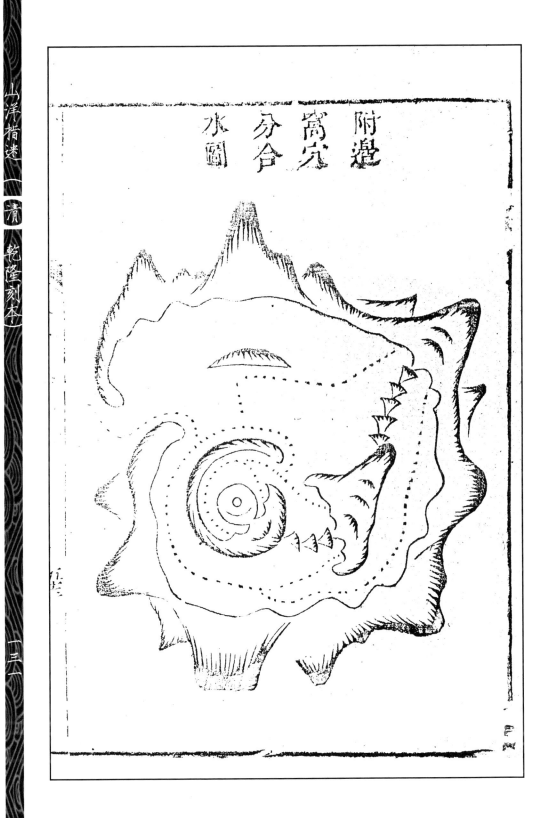

縱橫 論開帳過峽後卷各有專篇此下二篇因論佔地步而言其大畧

何謂縱橫。縱者。龍身委蛇起伏向前奔行也。橫者開屏列帳兩旁分佈也。二者均不可少。然佔地步偏重于橫。蓋惟有帳能佔地步。有蓋帳羽翼者為龍。無則為砂。蓋帳大而羽翼多。佔地步廣者為幹龍。蓋帳小而羽翼少佔地步小者為枝龍。大帳前垂兩角包裹。重重小帳于內。力最大。包裹開面星辰次之。但鋪開而不包者。又其次也。一縱一橫為十字帳。借縱為橫為丁字帳。借橫為縱為偏出帳。邊多邊少為不均帳。其勢張揚飛舞者龍行來止收斂回頭者龍行欲住是大小行止皆辯于横也但行龍直來而横開者無幾大都借縱爲横借横爲縱者居多況縱横互借閃巧轉身層見叠出地步始廣枝葉方茂結作多而力量大若直串而來旁分枝葉縱横不借者一龍只結一地上言直來横開者即十字穿心帳惟大幹龍有之此言直串而來者乃無帳枝龍

收放

何謂收放。收者跌細過峽也。放者放開枝脚也。大極收小小極

放大陰陽變化轉換之理。纏護迎送開帳。背放中之再擺龍之鶴膝。

蜂腰。支龍之銀錠束氣。皆收字之別名。蜂腰旁之蟬翼。

銀錠旁之陰砂。乃放中之至小者。蓋不收則氣散而不

蓄。鍵不放則氣孤而不生長。猶火筒與風箱。必小其竅。

而風力始健。又如艸木。必放開枝葉而花果方成。故善

觀地步者。必于峽中觀之。李氏曰。跌斷非峽。謂夾以兩

山而無迎送之砂。雖跌斷不爲峽。○有龍跌斷多者前迭結作必眞惟跌斷

此洩損透[illegible]矣

而不開面中間無微高脊脈此謝氏曰無關不成峽謂去定無融結不惟不得為峽也峽旁無水口又無迎送交鎖之砂以關其峽水也何潛齋曰神仙地理無多訣未用尋龍先看峽峽中須要有明堂內峽外關堂氣結結得深時垣氣真結得淺時垣氣泄言峽有迎送關鎖砂兩旁自有聚氣明堂方為好峽結之淺深者謂迎送關鎖砂之多與少密與疏也觀此則峽中地步可見矣

附迎送關鎖插峽圖

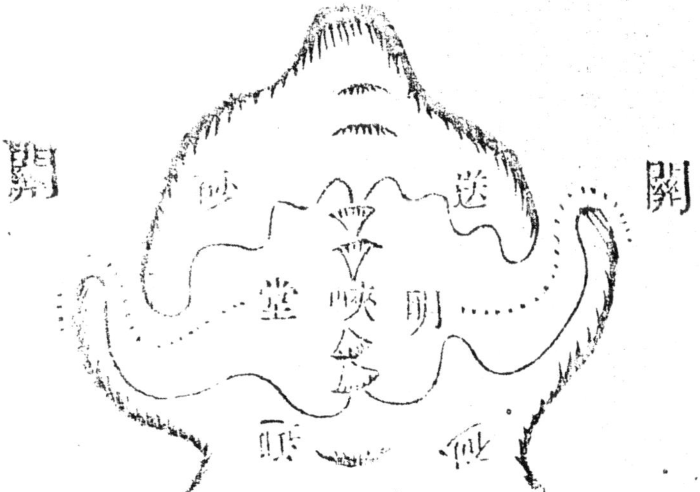

偏全。此篇論垣局大小下篇論龍水聚會申明佔地步之意

何謂偏全。兩邊皆大江大河夾送。而垣局水口。纏護蓋托皆本身自帶者。爲全局。而地步廣。一邊大水。一邊小水夾送。或兩邊俱小水。夾送。而垣局水口纏護蓋托。半借外來湊拍而成者。爲偏局。而地步狹。全局偏局之中。又各有大小數等。可推而知。夫纏護蓋托。不假外來湊拍者。數百十之中。猶有一二。垣局水口。欲其不假外來湊拍者。非大幹龍不能。故天下全局最少。偏局最多。

聚散

何謂聚散曰龍身垣局明堂俱有聚散不但砂向水纏爲聚砂背水走爲散也龍身之聚散以嵴論龍之來也如層雲疊霧合氣連形遠大者千百里近小者數十里横亙綿延或以五星或以九星聚而不分謂之聚嵴來龍至此止氣一聚羅列群峯故曰聚嵴即太祖也既聚之後分枝劈脉餘從中出枝向旁行過峽穿帳兩邊各起峯巒或天弧天角或旗鼓倉庫叢聚拱護謂之行嵴來歷既遠必有佳處如貴人登堂僚佐屬官排列拱揖又如行人抵家骨肉團

聚謂之坐𡺲有此三𡺲其龍乃旺不然孤单無從非散氣而何坐𡺲之處即垣局之所四面八方之龍皆于此住四面八方之水皆于此會者爲大聚一二面之龍於此住一二面之水于此會者爲小聚千百里之龍于此住千百里之水于此會者爲大聚数里数十里之龍于此住数里数十里之水于此會者爲小聚不論大聚小聚終是大家所共還須各立門戸自成明堂以爲貼身眞聚方可門戸者龍虎近案水口下關也要外背内面相向有情明堂者穴前之小明堂龍虎内外之内外明

堂也。內明堂卽中明堂在龍虎內外明堂卽大明堂在龍虎外要不傾不側寬平容聚。蔡氏曰大勢之聚散見乎遠穴中之聚散見乎近二者有相須之道焉。故大聚之中有數十龍並住小聚之中。有數龍並住均有門戶明堂亦皆成星開面或嫡傳反隱拙支庶反魁梧欲辨其孰輕孰重須觀其始分再抽之處。始分者分龍出身也再抽者分龍之來再起高大星辰地護從岡阜向者多而出于聚講行講之中除者爲最貴不然雖居大聚之中只得小聚之力。故善觀地者于始分再抽之處已知其得水得局之概矣。

山洋指迷原本卷二

周景一先生著

山陰姚雨方[illegible]潤
姑蘇俞[illegible][illegible]
山陰吳[illegible][illegible]箋註
姑蘇俞滋陶
山陰吳翼年同校
山陰吳太占

開面異同

或曰。五星九星。千變萬化。豈一開面盡之乎。抑開面亦有不同乎。曰星辰雖變態多端。而眞假只決于開面。如貪巨武輔太陽太陰天財紫炁金水等吉星不開面則凶。破祿廉文天罡燥火孤曜掃蕩等凶星開面則吉。吉凶不決于星體而決于開面。况星辰之變不可勝窮。惟開面自合穿落傳變之吉格。不開面則成粗頑破碎之凶。龍但山之開面有隱顯橫偏閃蠻深淺大小多寡特降牽連開肩乳突窩鉗之不同耳。此而明之。雖千變萬化無不了然矣。

按廖公穴訣云。穴星更有八般病。有病何勞定斬首

折痕項下拖碎腦石嵯峨斷肩有水穿膊出剖腹胸
長窩折臂原來左右低破面泿痕墮陷足脚頭竄入
水吐舌生尖嘴此是星中大有虧慣用禍相隨穴面
又有八般病有病皆惡症貫頂脈腦上抽墜下脈過
脚行綳面脈橫數條飽肚脈覆箕樣受煞脈帶石來
斬斷脈坐下崩吐煞脈長死便失序脈不分明莫言
立穴太精詳凶吉此中藏是皆不可不知者故附錄
於此

隱而顯而

隱而者即正體星辰分隱而脈亦隱然有隱而[illegible]具介字星體之正形故曰正體如覆釜鐘頓筆[illegible][illegible]八字分之類是也顯而者即開脚星辰分顯而脈亦顯然有顯面以其大小八字分落脈并然有條故曰有脚[illegible]入展臂如禽開翅如茱萸之護蓋是也二者雖隱顯不同頂前俱要有化生腦節泡隱分顯分背面[illegible][illegible][illegible]不可邊有邊無星辰不可邊凸邊陷如上卷所論分[illegible]即覆向背合割之宜忌則一但正體星辰最忌脈[illegible]透頂爲貫頂

界水透面爲破面。開脚星辰則有忌有不忌者。若山頂前化生腦有蟬翼界水在蟬翼外分開而不扣肋透頂之脈如寬牽線者不忌若無蟬翼界水扣肋透頂之脈。如急牽線者即爲貫頂破面蓋顯面之脈要如寬牽線。軟泛而下有大雉大平方能或有顯明突泡起伏者眞。妙隱面之脈要如泥中隱鱉灰中牽線頂前微雉雉前。微乎不前微凸隱隱躍躍脈出隱八字之乂口而隱八。字之分心即中心脈之个對个而來者方眞若無雉平而一條直下。承顯面之脈言或模糊飽硬者。承隱面之脈言俱無雉結正體星辰除大八字顯分外但有肌理隱分不必護帶蟬翼即有亦在依稀之間正體星辰落脈隱閒脚星微故但有肌理隱分辰必須有蟬翼護帶顯然可見即無護帶必要蟬翼此爲異耳

山洋指迷

卷二

橫面

撞背直來人所知也。然龍之轉身最多有方者[illegible]而忽橫降者有方橫行而脈忽直降者。總爲橫面。其大八字即以來去橫面爲之。不似撞背直來者自分大八字。然亦要近身有大八字之梢班下對看不知其爲橫面。而像大八字方真起翼顯開。大八字高肩如鳥翼分而開肩上尖[illegible]如翅是也班下長者爲有力大八字之外又有護帶豁開而相向者爲妙。護帶多者更佳。大八字外護帶指來龍枝脚說護帶多者可証龍力之旺但來水邊之護帶不患不相向而患不豁開一順斂者

非真。從來水邊直生歛入無抱向之情。去水邊之護帶。不患不豁開而
患不相向。一順背者即假。向去水邊反背而去。蟬翼肌理之分。
亦然。橫降處無大小護帶者。乃大龍方行之際。非大聚
之處。何能結地。若大龍將盡未盡。枝枝結果之處。雖無
大小護帶。得貼身有小八字之分成分合之面。有雌有
平而降。無大龍方行山體粗老橫降處無大小護帶必真結若龍身脫化已淨砂水聚會之間但得
小錢小平橫降者氣脈已旺故不必有大小護帶前途博出大八字之星辰者、
亦能成地。但力不大。橫面亦有隱顯二體當與隱顯面篇參看。大龍將盡無大小護帶
橫降者須得後龍有大八字星辰但係分凡橫龍結穴
結故力不大以上論降脈以下論穴法

而有降脈者。不論有頂無頂凹腦均不忌後宮仰瓦氣。
鍾于前故也。氣鍾于前有脈降下結穴處自有化生腦故上面有無起頂與後宮仰瓦均可不
論惟無降脈而貼脊橫担結穴者忌頂之無。平頂者爲滿担貼
脊者扞于山脊雖前平處因無降脈故穴後均宜有頂其凹腦全無落脈背後不
仰瓦者反假。元眞子曰天財兩頭齊峙護托高穴在担凹取仰瓦者大全云橫龍大財穴氣盛
于前後宮仰瓦取兩邊生來孝順鬼也然須護虎迸紫發眼唇毡俱全後有鬼樂方貞若但如鈴束腰者是
過脈之所何能融結起頂。平頂者。承上橫龍無降脈者言平頂者頂如一字之平駝背
亦可仰瓦亦可。扞橫龍穴後有頂無論駝背仰瓦均可葉須知直龍結穴頂不可無所謂穴
不起頂非眞穴也得背後有逆轉之下砂外背內面如孝順鬼

者為美。可不論但鬼樂必不可少。[illegible]
横担貼脊駝背仰尾雖[illegible]四伏不齊。
前後左右砂俱回頭背後之下砂不[illegible]而未定。
相顧而不他向也
下砂不轉龍勢尚行故曰尾掃[illegible]已往者。
問君何以知我行尾必搖動不曾[illegible]
則不拘此縱龍勢尚行開面眞者亦[illegible]如背
後砂逆轉之力重者。横龍穴背後下[illegible]後之
是正結不轉者[illegible]
樂托。抽出一條轉面向裡者亦作鬼[illegible]起峙枝
[illegible]之為
樂低平而不抱左右者為托若樂托之[illegible]
環抱向穴者撼龍經稱為賜帶鬼故曰[illegible]
水向外者兩邊俱是橈棹。樂托抽出[illegible]
橈棹即[illegible]
本身亦是
砂體也
今人見雪心賦忌後宮中尾每將眞[illegible]

而後而之穊棹竟作鬼論故表出之如橫龍有降脈
原不拘後樂有無惟無降脈而橫担作穴者必須托樂
（橫担穴近于山脊後無托樂不免孤寒）有等橫龍降脈處不惟無頂反生
門灈如小窩近窩之背上微窪一線之脈隱隱從凹灈
中出落下一段方起小突爲化生腦出下對看只見其
腦不見其凹此化陽之極而生起此腦下面結作必真
如覍扞上面窩處即是傷龍（此論橫龍有降脈之變格）蔡氏曰橫
担橫截無龍要葬有龍（神寶經日貼脊平頭脈短此故當揷入而扞亦此意也）
爲無降脈而貼脊結穴者言若有數丈降脈當與直撞

直奔者一體裁制慎勿提高鬬煞其橫担結穴者亦要有化生腦扦于化生腦下此以腦爲毬簷者也貼脊全無降脈橫担畧有些平故宜分開金面有絲有平圓唇托起不然雖左右有情無益

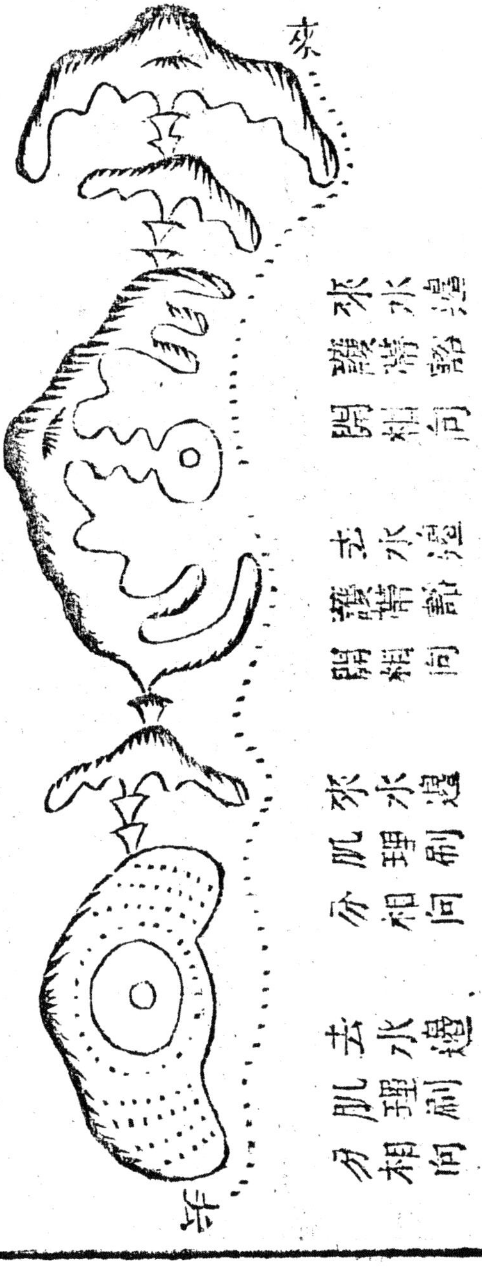

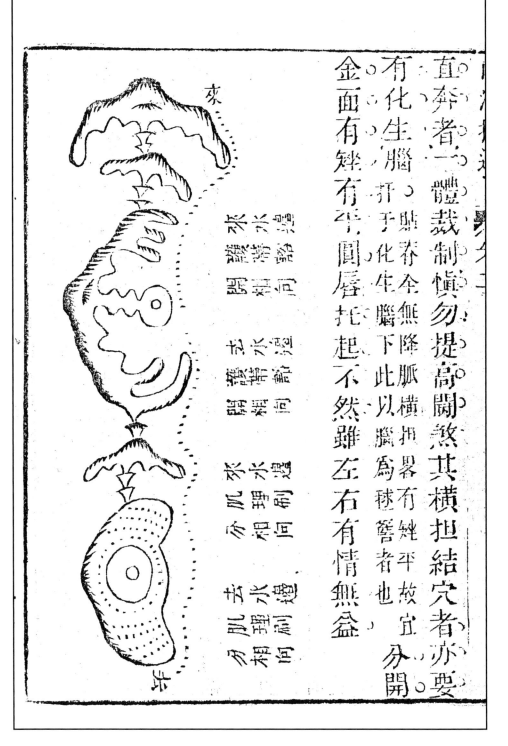

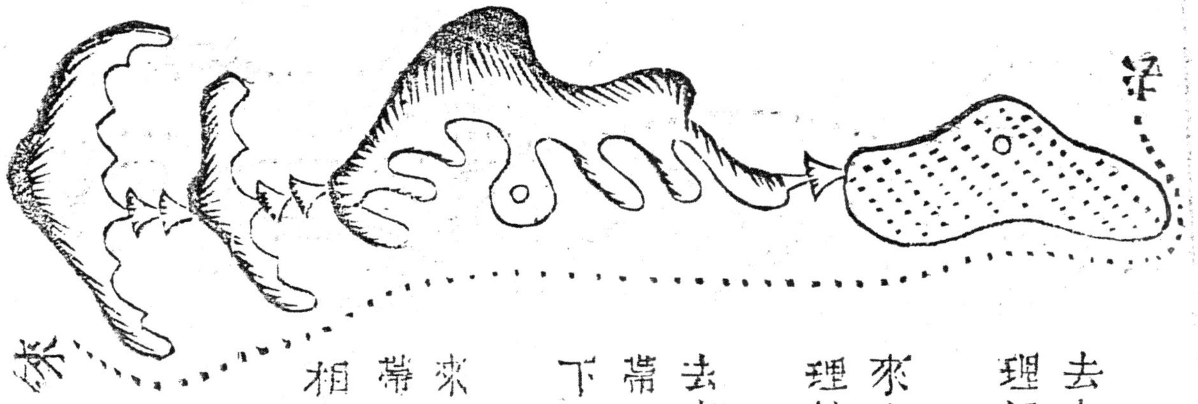

去水邊肌

理反背假

來水邊肌

理斂入假

去水邊讓

帶反背卸

下砂不轉

來水邊讓

帶斂入繼

相向假

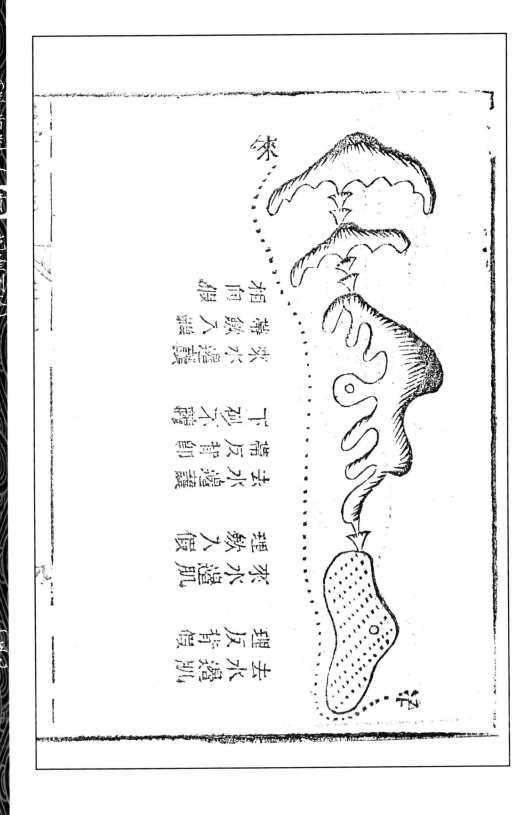

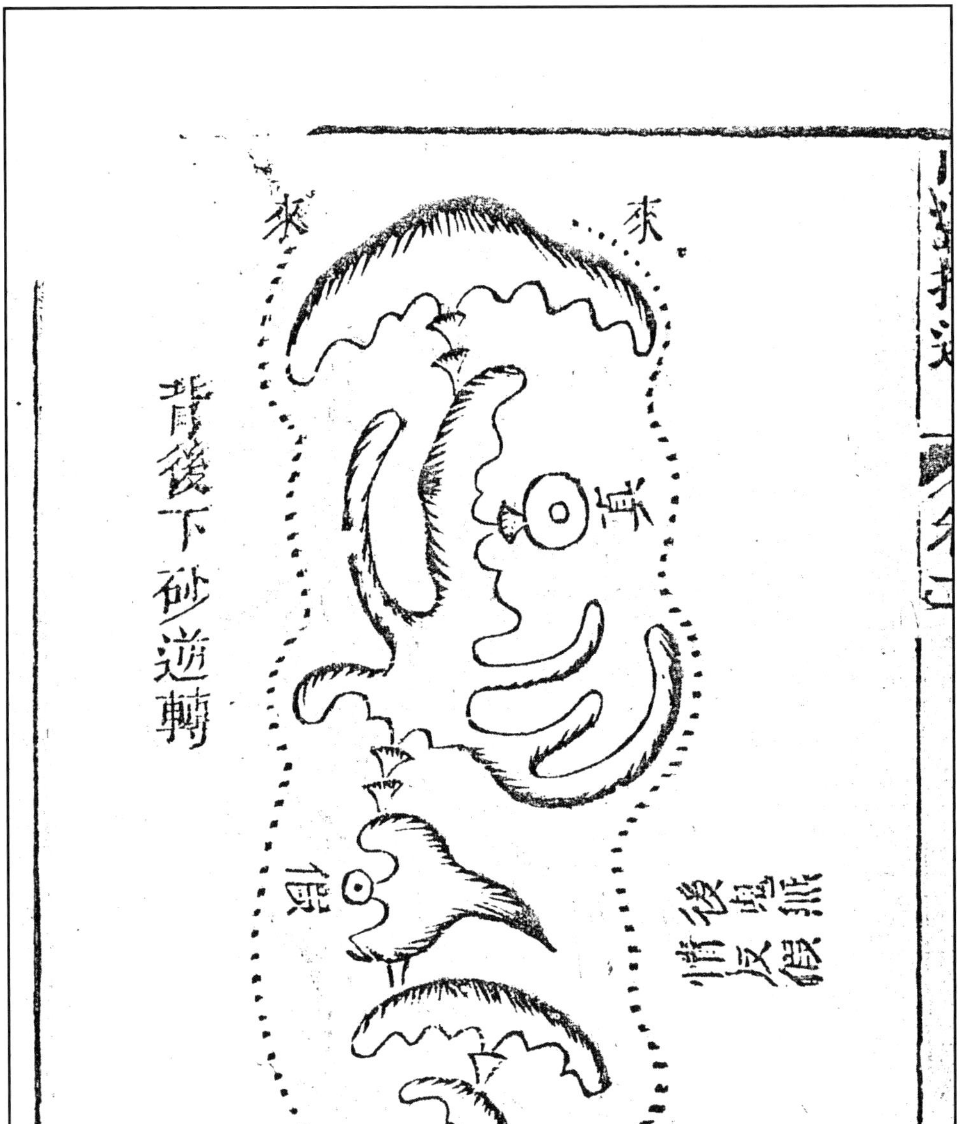
來
來
真
假
真
去
背後下砂逆轉
後鬼無情反假

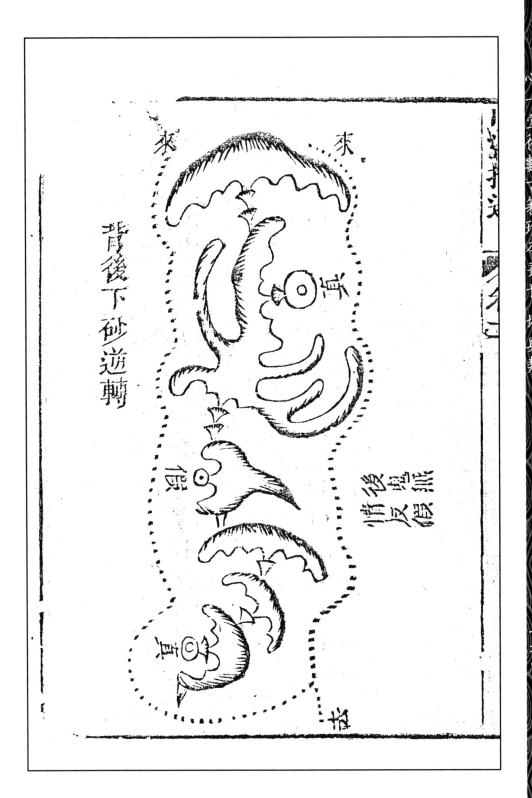

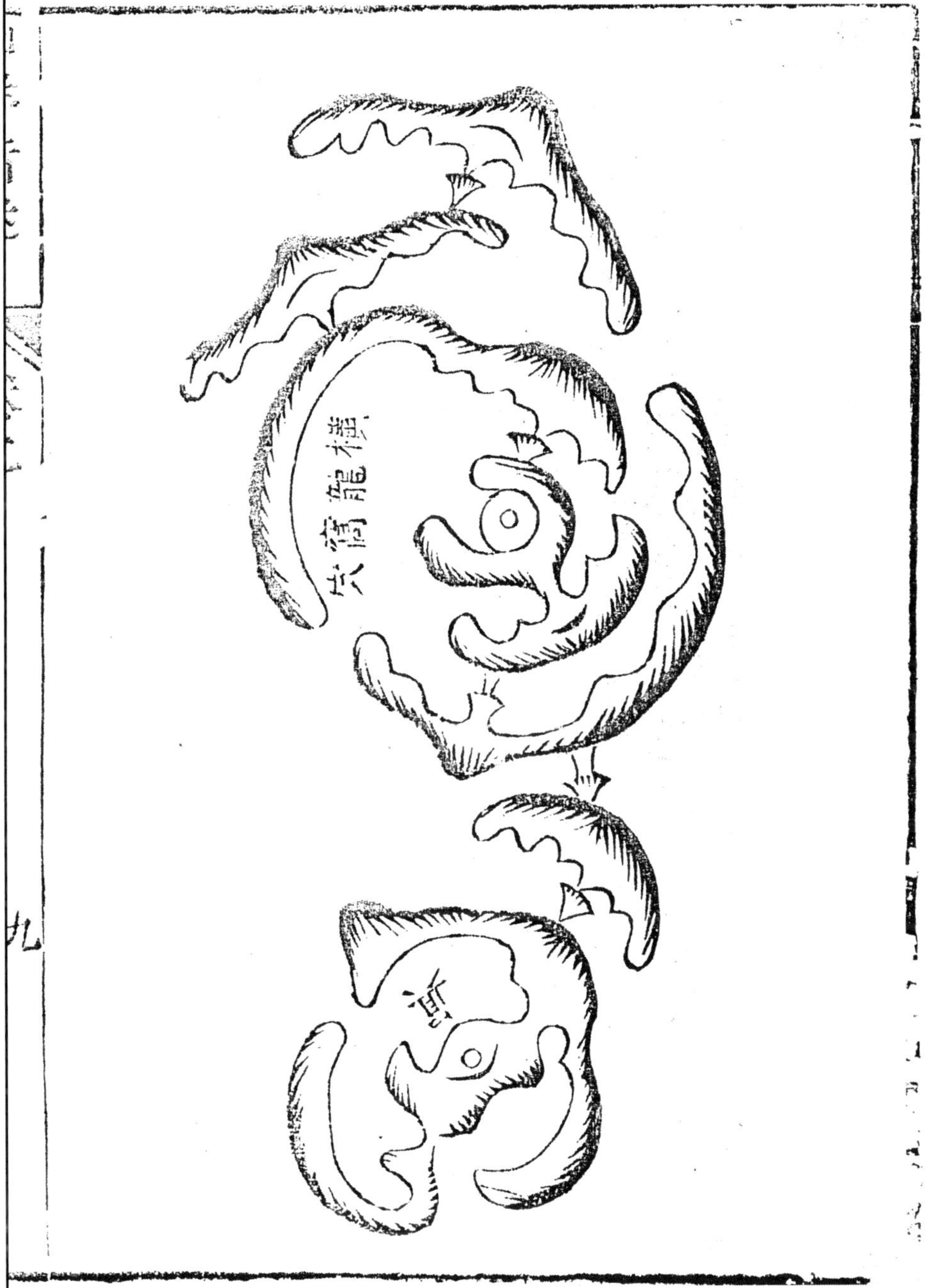
橫龍高穴

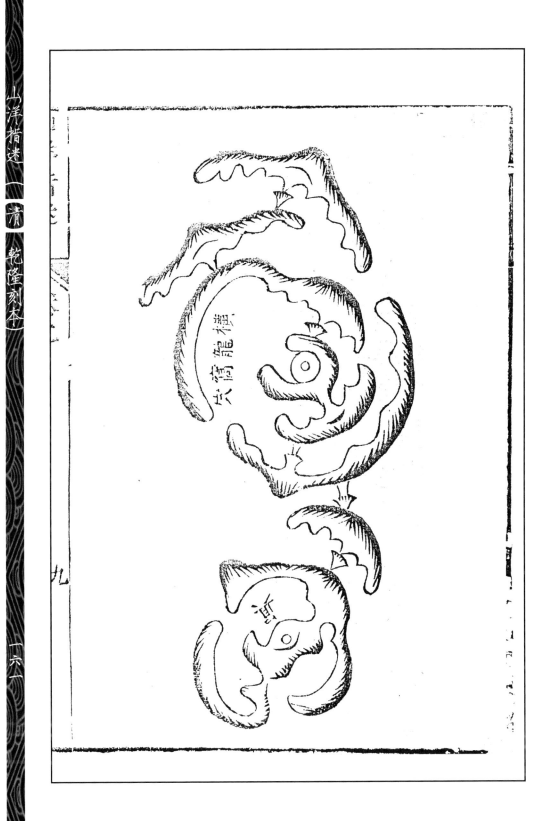

偏面

對頂中出八之所愛然龍之偏降最多有偏至肩臂出脈者有偏至掌後腕骨出脈者有横來已起中頂然後偏過一邊肩臂出脈者有尚未起頂先從肩臂出脈者皆爲偏面其自中頂偏過左右出脈者中頂不必分个字下來即借中頂那邊一股配殘遺邊一股爲偏中个字之丿乀只要貼身有蟬翼或肌理刷開分成金面于大八字之丿乀半邊而近中頂邊之砂豁向中頂邊去者爲眞若飲向出脈邊來便假（偏面亦有隱顯二樣當與隱顯篇參看其偏出）

中出之輕重
後有崗篇

偏降之圖

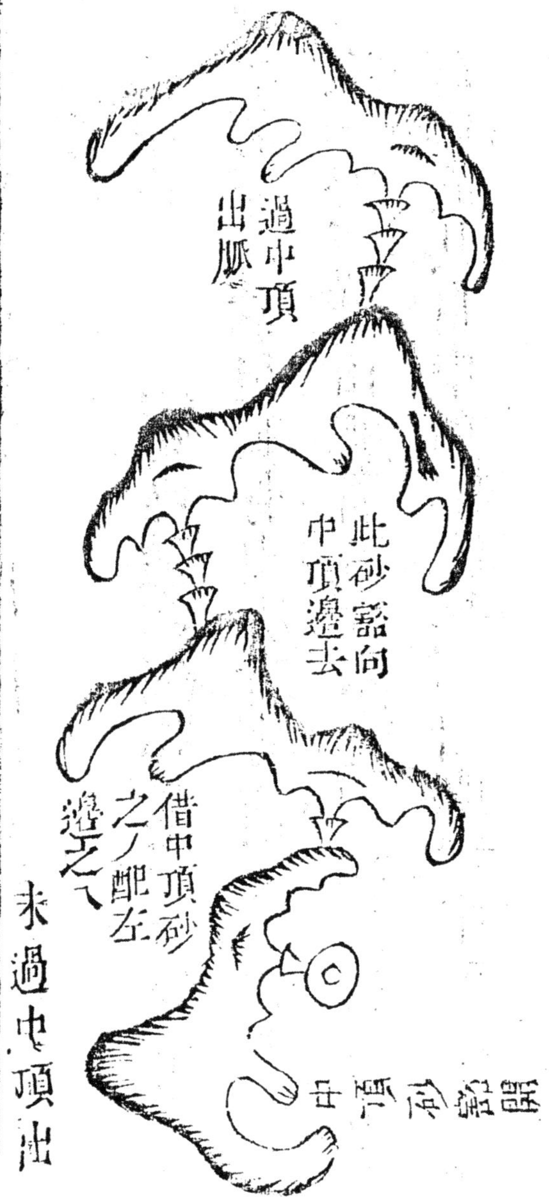

附圖

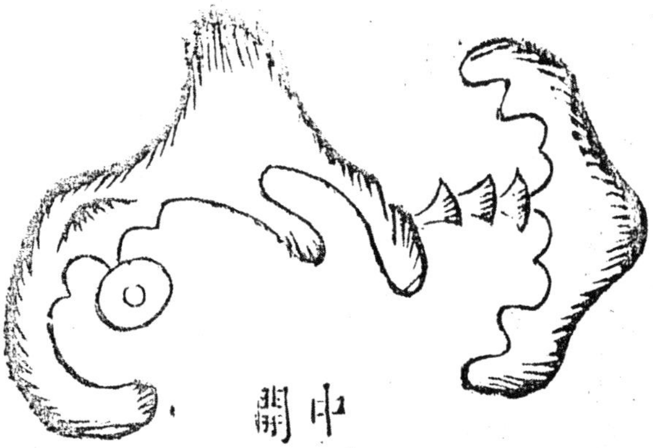

中頂砂豁開相向眞

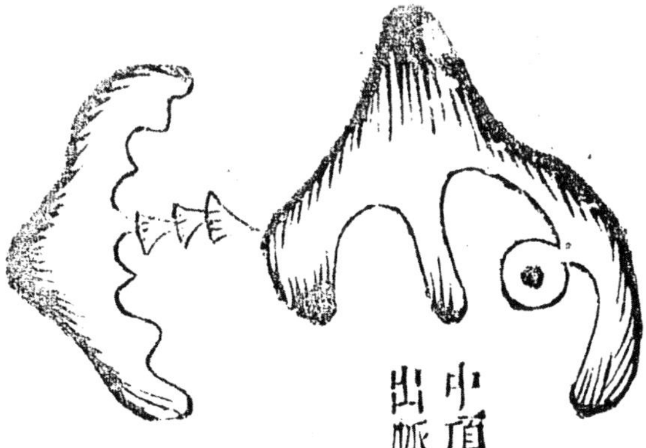

中頂砂斂向出脈边來假

閃而

子微曰眞龍閃巧轉身多豈惟直串爲可據言龍之閃也楊公曰悞葬每因求正面不打渾是棄偏頗言穴之閃也蓋閃龍如瓜果不結于正籐正蔕之身而結于子籐子枝之上閃穴如瓜果不結于子籐嫩枝之正而結于子籐嫩枝之旁故山脊中出而穴每旁扦山脊橫飛而氣每直出勢逶迤而腰間潛渡形劇內而脫外偷踪有頂而透漏于無頂之處有脊而潛隱于無脊之坡非故閃以示奇亦勢之不得不閃也蓋有脊處硬不得不

借脊為出煞之所而別閃于軟處對頂處死不得不以頂為分開之砂而旁閃于生處生氣喜包藏而山之盡處拋露不得不棲閃于中腰生氣喜止聚而山之盡處走瀉不得不拋閃于平地腕內堂氣傾側不得不走閃於腕外之聚處正身不開面不得不偏閃于旁枝之開面處大抵閃脈之出無正頂之起無大八字之分無脊脈之露惟有隱隱分金之面微微矬平一呼一吸之動氣可細察而得（動氣詳乳突窩鉗篇）然閃龍來處無開面星辰發出者不真閃穴止處無唇氈堂砂証穴者必僞即是

交相驗之。閃穴似不難知。但星辰與唇脣堂砂無動氣
。。不靈動氣二字。雖似難明。試將分合[illegible]覆認脈穴[illegible]
之要與葬書乘金相水諸篇。神寶經[illegible]三合三分[illegible]十乘金之[illegible]兩望祭祀[illegible]
水印木之情按乘金者乘脈墜落金面之[illegible]者相
水之分合也穴土者穴取垣緩真土也印木者[illegible]何
尾坐穴左右兩肘必長曲曲直內抱卽貼穴護[illegible]細
顯不同亦必曲直抱穴曲直者木也印者訂[illegible]細
。閃穴亦怪穴之類然怪穴總不能逃乎分斂仰
揣摩覆唇脣堂砂之外或教初學者細揣其認龍點穴
之要訣也。遍覆名墓以証之。自可豁然貫通。正者如是閃者
亦如是矣。此篇宜與偏面篇參看

蟻面○此篇論砂水分合處
當與前卷合割篇參看

地之真假只在開面與否開面者粗蠢亦真不開面者文秀亦假其出入秀蠢在後龍星辰論不在穴山論也

謝覺齋曰突金粗蠢號蟻肢宜認蝦鬚氣與珠但見節包牙梗塊時師休要用心圖若是頭梳鉗面出隨他脈路取功夫此是天然真正穴如能明得節無虧又曰蟻肢穴法最為難認取蝦鬚蟹眼安單股水隨纏繞下三叉五度要迴環水要之合太粗太蠢皆為假不開面便粗蠢股明股暗別一般左右枕歸流水取界水明邊扦穴斯文留與子孫看

蓋蝦有六鬚四短兩長離水俱豎起在水則二長鬚豁轉向後如八字其鬚尾略轉抱身試放活蝦于清水盆中自見長鬚抱轉以蝦鉗爲鬚悞也今以蝦頭向上比穴山蝦尾垂下比山坡蝦身比穴脈蝦鬚比山頂前蟬翼與半山暗翼肋下所分之痕影水除毬簷之分不論外上面分一重暗翼當有一重蝦鬚○穴山有一重、砂即有一重分、若連毬簷之分有三分而入穴者當有兩重蝦鬚之[illegible]

頂蟬翼半山金魚砂臨穴毬簷此砂之三[illegible]在山頂蟬翼肋下分來○重水○在金魚[illegible]下[illegible]魚水又名蝦鬚水○但入[illegible]一○一重爲最要[illegible]曰兩重蝦鬚[illegible]

脣後之分水穴之眞假全在乎此以上論分砂以証分水以下論分水以証分砂蓋第一重蝦鬚水當在山頂前化生腦之蟬翼肋下分出註詳首卷合割篇要半山微突之暗翼逼開使其如八字樣繞金魚砂外而下若頂上無蟬翼半山無金魚砂界水必夾脈遶頭扣肋一直而下何能如蝦鬚之分開第二重蝦鬚當在半山暗翼之肋下分出要毬簷之胖腮逼開使其如八字樣繞穴腮旁穴腮即毬簷之分砂而合于內明堂若半山無暗翼毬簷又無胖腮界水必扣肋夾脈割脚直下又何能如蝦鬚之分開故蝦鬚之有無在暗翼穴腮之有無

主之半山暗翼所分之水又名魚腮水蓋暗翼之貼脈如魚腮之貼身暗翼肋下之分水如魚腮之吐水也然一㮼之下無還甑之平則水不分故兩旁之暗翼拉下而低垂中間之脈路一平而頓起肋下[illegible][illegible][illegible]痕如蝦鬚之分去若脈路無㮼無平與兩旁之[illegible][illegible]拉下肋下無有摺痕界水必四散流去何能[illegible][illegible]蝦影之蝦鬚故蝦鬚之有無又在㮼平之有無[illegible][illegible]以上雖論[illegible]兩壺蝦鬚實論山頂與半山之來脈蓋脈無分水不清也 其平盡之[illegible][illegible]在山上生來來脅另有高起在下面與兩旁看之必高起一塊總

名之曰突泡分而言之微微鋪出如鋪裀展褥之形者曰氣如牛羊乳之垂者曰乳小巧圓淨如珠之流利者曰珠些些突泡生于曲動處如食指根曲轉之皮者曰轉皮橫濶粗濶分節而來者曰節如胞如肚者曰包如木之條而長垂者曰頭一邊歛塊而間斷者曰塊此皆脈之八般名字珠乳氣皮突泡之[illegible]也節包塊顯露之脈也非突金粗蠢[illegible]好脈在突金粗蠢中出珠乳氣皮隱微之脈[illegible]綿作必真出節包梗塊顯露之脈是粗蠢[illegible]粗脈粗即[illegible]不化然果三

分三姓三平而來復有微分[illegible]呼吸浮沉之動

氣者雖突金粗蠢之山出節包變[illegible]脈動妨有此陰陽變化

不妨脈之粗蠢此以上八者在[illegible]過脈為突泡在

節論來脈隱顯不同

臨穴之處為毬簷毬簷即蟹眼也蓋蟹眼者毬簷之別

名欲其圓淨如蟹眼不可破碎欹斜欲其垂突如蟹眼

不可塌落不起欲其柔嫩如蟹眼不可粗頑不變欲其

截斷如蟹眼不可陰脊仍吐要人顧名思義故以蟹眼

名之楊公曰中有蟹眼的不可轉哭犀精曰落時蝸角

轉住處蟹眼垂垂者毬簷有垂頭之勢蝸角臨穴之陰砂蟹眼皆指毬簷言

也然不可禿光如蟹眼。須要有分金之面詳乳突窩鉗篇。此節論毬簷又謂一滴蟹眼水者。一滴言其乾流之少也以毬前一縫作垂頭之勢。必有高低之拗。如簷之滴下。即所謂簷也。其分開之兩角不縫。而中心獨起。則簷下必有隱隱微平分開痕影。水繞穴暈旁。暈前亦必有隱隱微微可坐匝水。坐者聚也匝者過也言穴暈旁過匝水自毬簷而下兩邊分垂聚暈前微窩處也。即所謂葬口。簷下平處為葬口為穴暈暈前微窩也處為小明堂是小明堂在葬口內也因毬簷名蟹眼。故毬簷下匝水。亦名蟹眼水。一說毬簷分金開面一縫而脫出隱八字之兩片即是蟬翼翼內隱隱摺痕水抱其蟹眼故名蟹眼水今人強為之分。以乳突長而脈狹。兩邊痕影水長者爲蝦鬚。乳突短而脈濶。兩邊痕影水短者爲蟹眼。又以蟹是橫行。左行則左眼明。右行則右眼明。水之股明股暗似之。故曰蟹眼水。然總是痕影水而已。不必多方辯說也。此節論蟹蝦水单股水隨纏繞下者。一邊股明痕影水界脈紆徐而下言粗蠢山之痕影水必股明股暗。故曰单股。三叉五度要迴環者。言三合水宜屈曲而去。不可合掌直牽。無蝦鬚之分。則爲太祖。太蠢卻有股明股暗之蝦鬚。又不嫌其粗蠢。故曰剝一[illegible]就界水明邊以生氣在于薄處。故曰左右[illegible]餘亦不取界。

水明邊勢自微薄爲蠻面山生動處水繞頭梳鉗面二
即是砂抱枕歸流水者亦傍砂點穴之意
句言粗蠢山不出乳珠氣皮之脈但齊分數股如梳齒
形而成鉗穴梳齒稀朗似鉗之處不少當認其鉗中有
陽脈者爲眞穴故曰隨他脈路取工夫鉗中陽脈詩乳突窩鉗篇拔
謝氏二詩前一首論挫平突泡鉗面以龍上分砂証脈
後一首論单股三义以脈上分水証穴全篇統辦二詩
之意但蝦鬚蟹眼及求脈隱顯
凡穴均須類推不獨蠻面也

深面淺面

深面者臍腹出脈淺面者胸喉出脈出脈低者星辰莊重雖孤单高聳亦不長風出脈高者得本身肩翅重護方爲有勢肩翅单薄力輕若無蟬翼貼身脈必貫頂亦有喉頸之下雖起小泡不甚顯露但隱隱而下至臍腹陰囊方出顯然之脈者又不妨高出又有喉頸之下連起突泡或五六或七八大小相等均有分金之面叠串而下如串珠龍上天梯等格兩邊肩翅齊護者力最大又不可以面淺論之

[illegible]大八字之大小。護帶之有無多寡別之。大八字[illegible]開極遠。護帶數重。如大葉之多葉。干葉蓮之多瓣面面相向。肩翅齊開者。為開極大。而前去必結大地。大八字不甚舒開。僅有一二重護帶。如小葉之不能多瓣。單瓣花之不能多瓣。但開面端莊。而出脈者。前去結中富貴地。大八字短小。而不開張。護帶全無。一邊止有蟬股蟬翼。一邊有肌理剖開之面。而出脈者。前去亦結小康之地。此。在。分。龍。起。祖。處。定。其。優。劣。已經博換之近

祖又當恕論小面者有行度牽連之小面有已經脫卸大山而變小山之小面行度牽連之小面不但低小山頭有之高山之上只微起微伏不甚頓跌處亦有之此等星辰輕重不能自主惟視其前後開出之大星辰護帶之有無多寡辯其高下已經脫卸之小面當觀其後龍合上格到頭纏護多者爲大地後龍合下格到頭纏護少者爲小地故面之大小只以祖宗論到頭星辰但論開面與否不拘面之大小然在山谷分掛之龍仍以開大面者爲勝分掛之龍不開大面則氣勢必弱

開面多寡

龍身雖長不開面者多則力量有限行至不開面處即止此因後龍不開面者多故一行至不開面處福力遂止若前後龍俱開面中間偶有一節之難龍運至此亦衰須行至開面處方興福澤龍身短節節開面發福不小行至盡處而後已然其長短只以分龍處爲始有等大龍行度帳峽已多脫卸極嫩忽起高大星辰雄踞一方開出大面分枝數節便成大地蓋高大星辰旺氣一聚餘龍雖行而脈于此分落共祖同宗故分龍前去不必長遠其力自大又有大龍行度未止龍身忽嫩雖不起高大星

辰即借大龍本身之盤旋枝脚之輻輳結成垣局大勢團聚於過龍身上分開橫向掛落一枝兩邊重岡叠嶂皆外背內面如千瓣蓮之緊抱者雖数丈之脈結作異常又有幹龍將結省郡数里分落一枝雖数節龍身亦成美地然在垣局中分落爲貴與省郡同垣局也若在局外分落必自成垣局方可不然雖旁近省郡力亦輕小以上三者不以龍短面少爲限

特降牽連面

特降者自高山跌落低嶺胸腹甚至跌下平地險襄有節泡遞生大起大伏而來牽連者但小起小伏頂下不生遞脈節泡或有節泡微微起伏而不多或如鋸齒筆架排來。筆架形與特降相似牽連者原宜開面離祖之下不開面無妨特降者總須開面行度之處不開面便假出身處之分龍處最是牽連必須特降行度處雖不能純是特降亦不可。俱是牽連特降牽連相間而來龍勢方活牽連多而特降少者次之純是牽連雖非砂體亦無力平闔龍以收放盤旋爲勢。不以此論。

星有閞一三肩與三四肩者有邊有邉無邉多邉少亙成橫飛三合席帽筆架五腦七腦九腦六甲金水之帳肩愈多愈隹愈高愈貴均停爲上不均停爻之纇明力亜模糊力脛中頂尖聳者大貴其肩要自我之大八字一統臂開舒肩枝脚面面向我者真舒肩各分八字枝脚撒亂不向我者假開肩與不開肩力量相去甚遠左腦七腦九腦六甲龍樓其力最大但擁背而中頂出脈兩邊開肩均停如十字様者最少偏過左右一二

頂、開面、出脈者居多。只要自內分開。面面相向。不揖直

來橫來。惟三台格。後龍撞背而來。中頂開面出脈者有

之。其餘罕見。

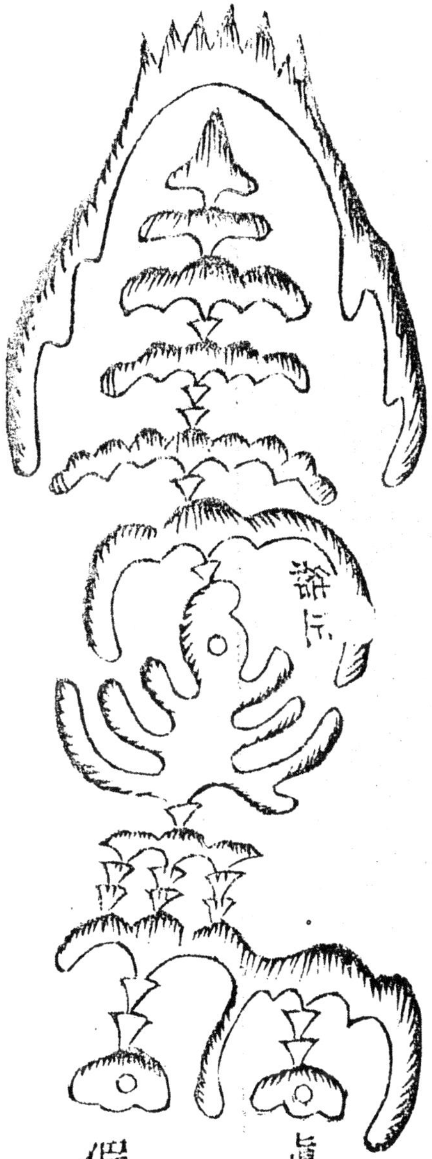

六甲龍樓。六個屑脚也。三層只作一層星辰。卽三層樓然。中央者爲樓中出貫入。遞下三台。五腦九腦。俱自內分開。向而相向。穴結中腰。極貴之地。自中頂之大八字。一統單開。枝脚面面相向者方眞。餘枝之假三皆以旁項各分八字。非中項之大八字。一統單開假蓋緣勢趨左角。故結小地。中出者無个字。左砂反背祿。

乳突窩鉗面

窩鉗乳閒乎為突。出于分隱脈隱之面中。如龜鱉藏首。一藏窩鉗乳隱突出于分顯脈顯之面中。如垂鼻樣之形者。名顯乳顯突。隱者氣嫩。只要在个字分金之兩片頭短平而來。雖不再有脫卸。即可以嫩乳嫩突為入穴之毬簷。顯者氣老。雖在个字分金之面中有纍乎前簷。必須再有脫卸另起貼身微泡。方可為入穴之毬簷。其毬簷者。非比來脈上高起一塊。即謂之毬簷也。

論毬

以下以毬後分開之蟬翼無一纍之嬝作伏落之勢

便無還亂之平作泛起之形。是以兩邊拉下而低垂。毬後無矬平便不分蟬翼 惟中行之脈路有一矬之嘍作伏落之勢。於平後故有還亂之平作泛起之形於矬前。是以中心頓起而有突。若無蟬翼低護于毬旁。無矬平于毬後。雖有突泡之起。亦非眞毬。突泡無蟬翼非毬有蟬翼方得穴腮圓胖蓋毬旁有蟬翼之分。毬後有矬平之脈。方有痕影之蝦鬚水在蟬翼外分出而合抱其圓唇。脈始清而活氣始動而上也。牛山有突泡又有毬旁分出蟬翼之背過開痕影蝦鬚水方見來脈之清再看其分出之水合抱圓唇者更見眞氣之止

謂之毬簷者。論毬簷以下合一字有一義。兩義合

一物也丶自其氈前平盡之處有突起之頂言之謂之毬自其頂前分開之下有氈落之𠞊言之謂之簷無毬則生氣不聚無簷則葬口不開但毬之突起處脈猶未止也煞猶未化也直待毬前有分開之微口氈落之峻𠞊如帽簷之圓如屋簷之滴方脈止而氣吐陰化而爲陽二者有相須之道故合而稱之爲毬簷古人謂無宀音綿不成穴以丶音主如毬一冖音覓如簷其突起也如淋開低濕之穀堆其開口也如唆去一塊之饅頭又謂之孩兒頭者以毬不可飽硬欲其有微分之隱八字微氈之呼有

○如孩兒之顖門在頂前微有處簷之微平上氣方不死
而動○有方是孩兒頭○毬有顖門微謂氏○曰毬簷之下略生○窩葬口原
來正是他、此是天然真正穴○就中倒杖豈差訛○又曰到
穴[illegible][illegible]樓[illegible]○全毬簷相似穴天然○肥圓開口宜融結葬
[illegible][illegible]○簷在面前○今人惧認簷在穴前○好破毬而葬○蓋未
[illegible]之○以上論乳突○若窩鉗穴頂上分開○兩股雌雄
[illegible][illegible]以下論窩鉗
[illegible]○[illegible]杰畏定八中水於當中儼如界水之稽無脊脈
[illegible]者[illegible]
[illegible]等[illegible]氣分合界水可憑與乳突迴別○窩鉗形俯穴
○此指深大
[illegible]蓋此等下體同前砂高中脈低平儼如界水而
[illegible]然分合但有微微蛙[illegible]隱隱分下所謂陽脈是[illegible]

然則無脈亦無氣而可穴乎。曰脈有陰陽不同。陰脈在突上行如人覆掌背。陽脈在凹中行如人手心之脈。雖有在脊隱顯之殊。其呼吸浮沉之動氣則一也。乳突無呼吸浮沉之動氣則亦無脈。窩鉗有呼吸浮沉之動氣則亦有脈。此動氣即是隱微之脈。因論窩鉗。並言乳突亦有微微烶微乎之脈也。蓋脈之有無。脈之動與不動。不在脈之有無也。然則何以見其動乎。曰亦在微烶微分微有微乎之間見之。微烶微分之下有微微之有。是氣之呼而沉。微有微乎之盡有微微之起。是氣之吸而浮。則微烶微乎微有微起遞遞而來者皆呼吸浮沉之氣使然脈隨氣行氣到而脈隨之矣但窩鉗中之微起非果有一塊高過兩邊也中脈微起脈之兩邊微低旁又微高與中間脈路相等因兩邊分去之紋理俱無跌無平不見其有亦不見其起中間一路獨有隱隱之分心而跌平俱有則跌處見其有平處見其起後有微跌前有微平平之盡處自然是起但非如乳突之起有分水之脊也蓋乳突是陽開裏陰雌雄外結故界水分開兩邊窩鉗是陰開裏陽雌雄內結故界水不分兩邊乳突為陰包砂為陽陰內陽外故曰陽開裏陰窩鉗為陽包砂為陰陰外陽內故曰陰開裏陽外結者乳突之穴本身不開口界水從毬後顯然分來合于唇下雌雄砂遠抱也

內結者窩鉗之穴木身開口界水從穴界水不分中有
後隱隱分來圍聚口內雌雄砂近抱也
水矣奈何曰水有陽會陰流之不同窩鉗中肌理分開
舒坦有肉者水必鋪開而無溝謂之陽會水若肌理斂
入逼陷無肉者水必成溝而直下謂之陰流水謝覺齋
曰欲識太陽金水穴太陽穴法詳四卷龍體穴形篇又無珠乳難分
別水來破面聚入中水若行時脈不歇歇時須要到三
叉氣止水交方是結淋頭割腳要消詳雖梳毬簷尋活
脈是指陽會水言也太陽開口濶大具金水之體落脈無珠乳突泡究似水痕破面聚
入中者即上文所謂如界水之稽是也水行則脈行水
合則脈止三叉者三合水交合之處若無此水交合氣

脈尚行扦葬其間不免淋頭割脚故點穴必挑毬　楊公
簷此宗明深大窩鉗中有陽脈穴兆臍結而言
曰鉗穴如釵掛壁陷最嫌頂上有水來釵頭不圓多破
碎水傾穴內必生○指陰流水言也○此以淺小窩
鉗穴結高處者
言鉗頭不堅而頂傾[illegible]
高鉗不忌陽會水只忌陰流水
皮從來必淋頭而[illegible]
陽會水有分有陽[illegible]
陰無水無分無陰[illegible]
陽會終無分水之脊何能使
穴中無[illegible]隱隱[illegible]
勢水從隱隱之分勢而分
去有隙[illegible]雖平不從雖平之兩邊分開不從雖平之
中間一直從下故不成[illegible]而名陽會水雨滲入土亦隨
分開之紋理兩邊斜斜滲去故壙中自無水淋是以窩

鉗之穴形附而穴低者○有数丈高庸眼觀之似簷
界水而[illegible]乃[illegible]垂頭之勢唇氣之吐唇稜之
冷利[illegible]水淋故此三者又為看當
鉗○[illegible]三[illegible]後可看動脈有動脈然後可察
毬[illegible]簷鉗之[illegible]不能如乳突之顯然突起只可觀
其水平臍結者為穴臍結者其上必有一纍之墈如簷
之滴一纍之上必有一平之盡如毬之起則簷鉗之毬
簷亦[illegible]是動脈之纍平盡處也有纍平方有毬簷有毬簷方有真脈故既
日又無珠乳難分別又日推枕毬簷尋活脈正欲入於

仍有之中察其呼吸浮沉之動氣耳。形仰者。窩鉗淺小去頂不遠。即有平牖立穴猶易。形俯者。窩鉗深大去頂數丈。方有平牖立穴甚難。須遵水若行時脈不歇之語扦於水平牖結之處爲宜。牖結者上面微平有隱隱分水下面水痕交合也窩鉗大小結穴皆然若陰脈結穴。亦宜合眠乾就濕之法。眠乾者上枕毬簷就濕者下親合水如湊急而扞。扞毬之前後與破毬湊簷俱是則傷龍鬬煞矣。以上槩論窩鉗陽脈并言窩鉗陰脈結穴亦宜眠乾就濕總是上有分而下有合之意以下分論窩鉗形體兩掬圓抱。如脊簣金盤之形者曰窩。兩臂直垂。如金釵火鉗之形者曰鉗。窩有大小深淺之不同。鉗有長短曲直之不一有撞背而開者有橫過而開者有勾轉而開者一是直來直結一是橫來正結一是勾轉逆結俱要頂頭圓淨有分金之面頂不圓淨水必破面內觀外觀其微砂顯砂俱有外背內面之真情抱向者方有稜生氣此總承窩鉗言但窩無圓唇不成鉗得平勝便結窩圓寬展必須水合唇下鉗直不能寬展故得平勝便結上文槩論窩鉗得平勝結穴此處分言窩宜圓唇鉗宜平勝者須知窩有圓唇上面自有毬簷毬後水分唇前水合是水平勝結之顯然者鉗得平勝上有分水即毬簷之微分下有合水即圓唇之隱合因窩鉗形體互異故結穴稍有不同其貼身分合詭穴則一也以下論窩鉗所忌異同界水成溝破頂破頂則無分金之面窩鉗並忌界水唇下燥濕窩忌而鉗不忌窩體坦圓雌雄砂短唇

下窩平吞聚左可會合[illegible]頭抱轉與水脈結處更[illegible]以下論穴法微微窩鉗承[illegible]甚顯明開口又小居[illegible]于左前微曆處如○合[illegible]四面皆於稜扦正中○微○突○處○側鉗捹[illegible]指[illegible]之○轉○皮○鉗○盡○處○之○胖○肉○即玉筋[illegible]鋼開鉗頭之○穴○法○[illegible]○鉗分○之○勢○看四應定穴○邊鉗觀股明股暗之情穴居界水明邊此皆易曉

雖雌雄砂長兩砂故唇下成滿不忌宜折頂○古人以承胎者○因○毬簷不金盤之窩穴○必○居○中○盤穴承鉗脈合○鉗○打○兩即是看○後○倚○前○親

惟大窩深窩○長鉗直鉗之○形俯者○其低有中陽脈呼吸浮沉之動氣○為最難認也○陽脈甚隱高低之形若有若無難以體認故致[illegible]於此○篇中詳論窩鉗詳言形俯穴低宜認陽脈穴[illegible]論言其所至難者篇終復又指出其叮嚀之意[illegible]

矣關者最宜着眼

附長鉗臍結圖

陽脚結穴圖。已見首卷合割篇後。茲復附長鉗。圖以水平臍結之穴法。

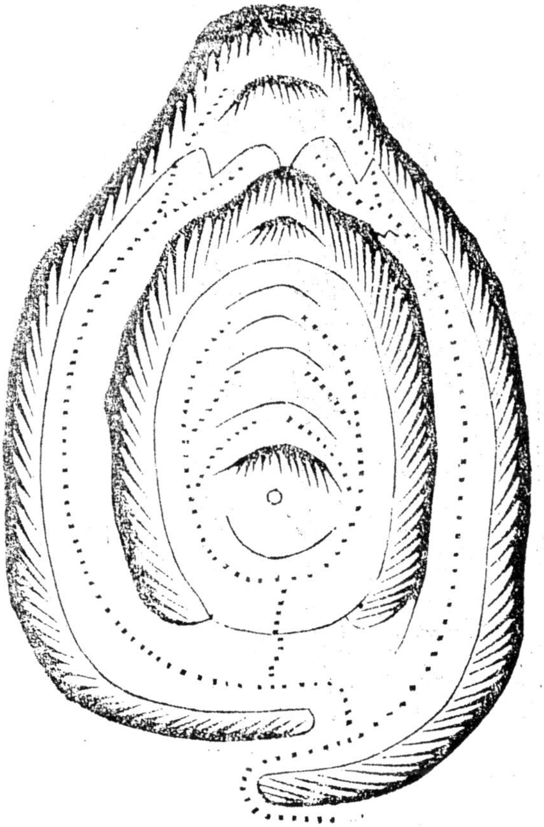

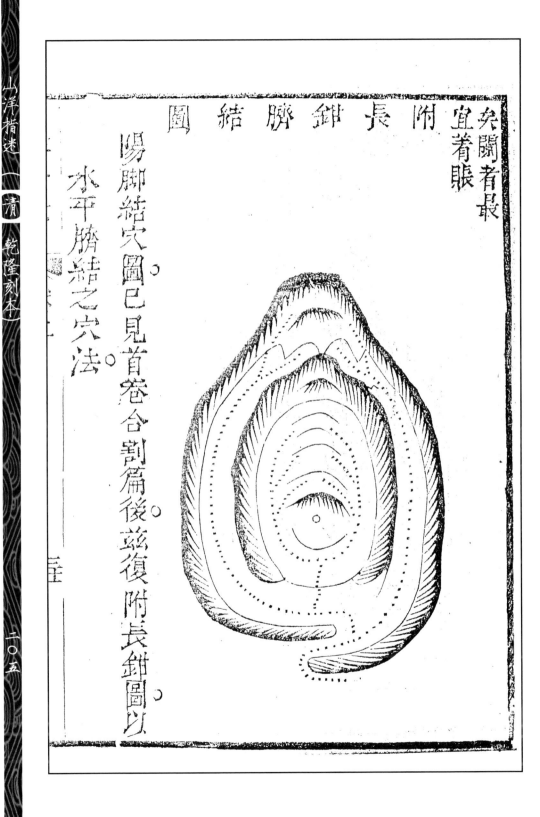

附論乳突窩鉗雖形體不同而陰陽變化葬法則一但乳突無窩鉗不眞窩鉗無乳突必僞蓋乳突陰也毬旁蟬翼分開抱其穴暈此即隱隱窩鉗陰化而爲陽也窩鉗陽也穴後毬簷突起証其穴情此即微微乳突陽化而爲陰也所以乳突之顯者不可無隱隱窩鉗窩鉗之顯者不可無微微乳突而微乳嫩突亦必有隱隱窩靨之穴暈淺窩短鉗亦必有微微乳突之毬簷以見陰陽交互而成太極內照經所謂土有天輪影下有土皆中成太極暈是也天輪影者毬簷肌理

分開金面如天之圓土堦者唇氈托起如地之厚兩旁痕影水分界太極暈平坦豐隆含太和之氣介乎其中如男女媾精胚胎初結生生不息而三才始備故穴法多端不外乳突窩鉗而四者結穴總以毬簷唇氈爲証蓋有毬簷水方能分有唇氈水方能合平洋分合篇所謂眞分合者亦指貼穴分合水言也若天輪影邊高邊低金面不正似土堦而邊凹邊凸或偏斜傾瀉者即是分不成分合不成合其中何能有太極暈此惟智者明以辨之更有棄乳扦窩避突就

鉗。或有窩而葬乳有鉗而葬突。背為窩鉗無微微乳突乳突無隱隱窩鉗。孤陽不生純陰不化毬簷唇毡不真故耳

按內照經以毬簷為穴星。必合四個星辰方真曰紫微。形如蛾眉曰太乙形如雞距曰旺。龍形如覆釜曰木星形如玉尺有顯然成形者有隱然出面痕影小水界成形者。以見毬簷形體不一。故附錄于此

紫微

太乙

旺龍

木星

石山（以下四篇舊在三卷之末今移此亦論開面列于乳突窩鉗之次）

土乃山之肉石乃山之骨觀人骨中有氣則石中有氣可知故石山亦宜開面石八字層層分開有煞有平穴情眞的或石隙土穴或兩旁硬石中間嫩石可鋤不嫩不但可劖更須入水即化無細砂或面層是石下有嫩土間樑者謂之結土結者實也即天或圓唇是石而不敧斜者其福力惟觀開面之蓋穴大小多寡地步之廣狹為轉移不因石而有煞或反得石而清貴或得石曜而兼兵權者有之惟穴後無石入字而石紋直生欲入無煞無平脈無動氣或飽硬巉岩

不開金面。金之面無分。不但穴中有直生尖射之石爲煞卽石中土穴亦有煞而不可扦也

附論

葬書云地有吉氣土隨而起是驗眞氣于土也又云山勢原骨是驗眞氣于石也蓋山體屬金金氣旺盛則生石其因氣而行截氣而止形跡較土更顯力量較土倍重石之行也頭向前者爲奔勢脚向前者爲降勢兩邊丿乀壁立分開是大分勢微微露起如八字是小分勢石脈一線委蛇曲折出于大分小分之中或大小相間高低起伏或如梯級或如鋸齒或如

波漾而來者皆氣之行也兩邊平坦中間微高如束咽者是氣之入首也然石勢雖急非頓立開面勢不能止其止也如壁之立爲正開面挺立而頭俯爲垂頭開面有石毬開面而詹是土者有土毬突起而詹是石者或開面之下更有石脈鋪出分解開鉗中含眞土或落下不出石脈有眞土隆起均宜認脈察氣而扞切忌開鑿但頓立之面高者數丈低者四五尺兩旁之石亦必開面向我者爲眞如開面而破碎欹斜或一邊斂入或一邊向外或一直生下無論大小

高低皆假其有兩邊開面一面向正龍一面自去結穴者總是護砂又有滿山之石皆向一邊開面者是他山之朝應有似開面而岩穴空洞者是縮氣之山脚或似壁立而零星間上與駝出而肥滿者是山之後背此皆開面之假也若老山之石滑而渾大嫩山之石潤而多紋在山背其紋直在山脇其紋斜在山頂其鋒鋭在開面其紋横石錯生于窩錯石關生于乳突送砂形如人八顧穴勢必彎環故捍門華表北辰羅星諸體半是石山更有石閣橫于溪河為鉄門

金鎖。其內定有大地蓋旺氣自祖山發足融結眞穴于大龍將盡未盡之間。氣復有餘包羅在外近則見于下砂遠門見于水口。然石山結穴。雖凴石之開面仍以得土爲眞。而石紋裏轉與石山內顧皆不可不察也。

峻山

峻山有坐卧立三體星辰不開面無動氣者皆凶開面而有動氣者俱吉非坦緩便吉陡峻即凶也賴太素掛鐘形鑿壁而葬楊筠松掛壁燈貼壁而打此皆先哲之班範令峻山爲穴發福者處處有之只要星辰開面大八字有發而小路有隱分之矬平或數次或十餘次或略有顯分而有隱[illegible][illegible]者其中者更妙分處是開陽獻面平處是來陰處翻身下有微微之有即是氣之呼而沉平肅有微微之起即是氣之吸而浮有此陰陽變

化呼吸浮沉之動氣任千般怪穴皆可扦葬況端正開面之峻山乎但峻山之穴無巉巗則氣不蓄無近案則氣不收二者均不可少

獨山

經曰。氣以龍會。而獨山不可葬也。此惟爲山谷中之單山獨峙。曠野明堂之開散。孤山不開面而無動氣者言之。若其龍行至平地。忽然突起一山。開好面而有動氣者。即無險砂纏護。必有裙襴兜收。（即唇氊兜抱）或以水繞當山纏。或以遠山爲城郭。不但開脚星辰有龍虎護衛者可扦。即正體星辰無龍虎護衛。但得氊唇蟬翼。或虯鬚砂蔽槨者。（虯鬚貼穴兩邊之護砂）亦可扦葬。蓋力視後龍之輕重。得水之多寡而推。不因山獨而論也。

高山

高山穴如金斗形之梁上穴。插劍形之靶上穴。照天蠟燭形之燄上穴。仙人大座形之顖門膝頭穴是也。其龍虎纏護。水口近緊。不如低穴之可以外借。俱要本身自具真面。位置雖高峻。到穴如發平地。拜壇兜衿之外。猶有餘地平鋪。不待填砌者。方可。或無生成之平。或雖有平而龍虎纏護水口近緊。非本身所生。或雖本身生成而無真面顧內。或雖真面顧內。而本身不開面無動氣者。俱假。即本身有開面動氣。而後龍不脫卸無纏護者。

僧道之地雖有脫卸纏護而無臺屏帳峽疊出者丁財之地雖有臺屏帳峽而一出龍虎之外只有本山獨高餘山皆低者仙佛之地惟臺屏帳峽俱備送從纏護齊高方為富貴之地其力量大小亦在龍格輕重地步廣狹推之但高穴收山不收水與天清之氣居多峰巒不秀不成大抵貴多而富少名高而望重

偶有開面

或曰。有一節開面。便可言地乎。曰必分龍入首入穴。俱開面者方眞。若分龍開面。而行度山頂及入首入穴處半山與毬簷。俱不開面者假。惟到頭穴山出脈之化生腦。遞脈之突泡。臨穴之毬簷。俱開分金之面。有弦可吸浮沉之動脈者。必能結地。大小久暫。當看後說

泛頂不開面

或曰山體開面者有不開面者混于中奈何曰不開面爲泛頂惟分龍入首入穴處忌之見於行度處當視其多寡泛頂少而開面多者定是真龍泛頂多而開面少者得分龍入首入穴開面猶不失爲小地分龍入首入穴俱不開面纔是砂體

山陰沈甯方校閱
姑蘇俞曙璞增註
山陰吳卿瞻
姑蘇俞法陶
山陰吳翼年同校
山陰吳太占

周景一先生著

太祖

經云。只要源頭來得好。起家須是好公婆。故論祖宗者。

必以出身之太祖始天幹龍太祖在數千里之遠特起名山跨州連郡高大插天萬派之山皆祖于此所謂權星是也權星大抵多是土金之體蓋惟土金方能綿亘若水木火星體流動卓立而分形多作近祖凡一省一郡各有權星仙佛王侯卿相之地必本于此小幹龍太祖在數百里之遠亦必特達高壓衆山或成龍樓寶殿金鑾瓊閣諸形所謂尊星是也正幹正結之地必本於此枝龍太祖即大幹龍之分枝亦有遠至數百里數十里者貴者有臺屏帳蓋其次大面星辰再次小面星體所謂雄星是也太祖雖遠近不同均須開極大

之而大八字大護帶亦多行度處辭樓下殿降勢跌斷。兩邊護從岡阜多者爲正龍貴格。如大八字小護帶無多行度處辭樓不作降勢。或但有牽連之形。兩邊護從岡阜少者爲旁龍賤格。（此在太祖分龍處辯其優劣。）繆仲淳曰。山分八面。出各有枝。勢之所向。其結必多。又曰。衆皆趨蹌。我獨張揚。皆辯貴賤正旁之據[illegible]關係最緊。前途雖遠。莫不預定於斯。曾氏曰[illegible]蹤跡已形于此。出脈正指此也。（此篇因太祖論而兼及旁龍）

分龍

分龍即出身處。分龍者太祖山之出脈、前去龍身自此分出也。楊公謂之派、

派定祖宗、窮水源、察長短、辯眞假、審力量、莫不於分龍

處觀之。分龍與分枝不同。分枝者從大小幹分出也。未分龍以前雖有高峰

大岳、乃衆山之祖、本山太祖必以分龍處爲是、故以之

定祖宗。未分龍以前雖有千溪萬壑、乃衆水之流、本山

水源必以出身處旁分兩水、夾送龍身、漸以成大會于

局內與外明堂者爲是、故以之窮水源。未分龍之前雖

有千里之龍、乃衆山所共、無與本山之短長、必以分龍

三

處來歷千里便知有千里之龍故以之察長短來分龍之前雖有至貴之龍無關本山之真假必以分龍處開面出脈者爲真龍否則是假故以之辯真假來分龍以前有至美之龍如祖父富貴可以福庇子孫然必分龍處星辰開面背其祖父方承其蔭若開面不美祖宗雖美意必他屬縱有結作小地而已又如來分龍以前有至粗之龍如祖宗貧賤不免貽累後裔若分龍開面星辰仍類祖宗之粗蠢者方可限之如變粗出嫩前去定結美地故以之審力量是以分龍處要開好面之大星

辰子微曰分龍要起大星辰不起星辰氣不生要蟬翼護帶董德彰云出身處有蟬翼護帶前去必結大地要線脈鵝頂而不顧入蔡氏曰出身處線脈鵝頂方見來歷之眞線脈者出脈細軟鵝頂者山頭如鵝項之突出線脈于項下胸腹間也要翔舞自如楊氏曰眞龍屈曲不朝入挺然直出勢最尊要有屛帳卜氏曰出身處列屛列帳要峰巒成座子微曰龍無星曜低低去此是賤龍出身處要盤旋曲折又曰龍行身直不迴翔此是死龍多不祥故龍之貴賤生死只在分龍出身處定之出身美而到頭不美必有閃結到頭

乃其偽氣出身不美而到頭美者必是小結不悠久也

中出偏出

山龍中出偏出凡開帳落脈高大星辰皆當並論惟太祖出身處爲最重此而中出者前途所出皆中即行度處偶有偏閃其大勢自然不離于中力量自重此而偏出者前途所出皆偏即行度處間有中出其大勢自然不離于偏力量亦輕其所以偏出中出者氣稟之有厚薄也稟氣厚者正而不偏或先正而後偏其力輕重可知稟氣薄者偏而不正即間有正出或偏重而正輕或偏眞而正僞其間不可不辯今人薄偏喜正大都不顧

其真偽重輕易不以中出偏出之間覩開面之有無衡

其優劣

應星

應星者。太祖之前。再起星辰。以證應其所受之眞假貴賤也。蓋太祖尚是分派衆共之龍。惟應星是穴山所獨受。然應星太祖雖美。其注意不在此。有應星不開面。亦假粗而不文秀者。不貴高大。與太祖並峙。尊卑失序。須略小。乃貴。與合尖圓方三吉之體。開面端莊。方足證其所受之眞貴。楊公曰。看他辭樓并下殿。出帳聳起成何形。應星生處別生名。此是分枝旁脈証。樓殿喩太祖山高大辭與下者應星也。

吳氏曰。尋地先須認祖宗。更于離祖察形蹤。辭樓下殿峰巒秀頂識前途異氣鍾。皆指應星言也。二詩前一首言應星辭樓下殿合尖圓方吉體者可証龍身之貴後一首言應星特起特辭峰巒秀美者可識前途結地之大。辭樓者如臣辭君客辭主下殿者自殿頂而下至二層三層直到階陛也辭與下者即特起特降之謂然必先下而後辭不特地而降緩緩牽連而降者不得謂下殿必須自山頂下至山麓方成特降之勢不特地而起緩緩牽連而起者不得為辭樓必須離祖數里頓起大星辰雖不可與太祖相並亦須成座尊嚴佈置地步堪為太祖如此龍方有勢前去必成大地行度之間亦須特降特起有十二座峰巒聳拔者力是貴龍樓殿惟幹龍有之枝龍即無然其陟降之勢亦宜如是若牽連而斷不成斷起不成起起不即起斷不即斷所結必小

祖宗遠近

經云祖宗積累有根基子孫終須與人別所謂積累者非徒一太祖一少祖也少祖以上其間低小星辰可以無論凡有高大出衆星體不論多寡均爲遠祖遠宗以歷代積累根基甚厚故子孫發達亦長祖宗節數多者力大而久節數少者福微而短餘龍長而祖宗多枝龍短而祖宗少分擗枝龍無特起之少祖況遠祖遠宗乎凡遠祖遠宗開面地步與太祖同論但太祖如開創者所關最大開面不美地步不廣便非貴龍開面地步俱

無即是砂體遠祖遠宗如守成者關係少輕面小星粗無傷大體惟近祖近宗星辰醜惡開面全無出脈如急脊線覆鵝毛者雖遠祖遠宗甚美亦不能裕後行至此節不免突凶若開面星辰勝于太祖太宗行至此節必發倍貴故遠祖遠宗雖關休咎而近祖近宗更係禍福

少祖

將入局數節特起大星辰爲少祖廖氏謂之主星高壓衆山挺爲一方之主比太祖遠宗關係猶緊入式歌云若是山家結穴龍定起主星峰主星大小合龍格造化便可測言結穴之龍得特起之少祖作主是合龍格也上格應大富貴中格次之下格又次之賤格小康凶格應凶禍臺屏帳蓋成座大星纏護發發上格也開面尊嚴星成大座纏護不缺中格也開面端莊星成小座龍不孤单下格也牽牽連連前後相等無特起特斷之星辰賤格也

雖有特起星辰。粗蠢醜惡凶格也。星辰高聳而不秀麗。不開好面亦凶格也。不入格之少祖可以無論。成格之少祖在穴後二三節。開其力重大。若離祖太遠則無力。結作尋常得穴後一二節。開面再起開面好星辰方能融結大地。入式歌云、二三節後合星辰。福力實非輕。節數遠時福力少。再起主星妙。訣云、穴坐主星當代出貴郎此意也。

龍格○此篇論少祖貴賤此篇統論龍身以定優劣

今人見元武後一節之頂以父母名之二節之頂以少祖名之後龍許多節數俱以遠祖遠宗名之並不論分龍長短星辰吉凶漫謂之祖宗無怪大小不明禍福莫辯也必須察分龍之長短方可定祖宗之多寡觀星辰之吉凶乃可推後代之應驗如龍身短者分大龍一二節即入穴分龍便作太祖入首便為元武而無少祖遠宗蓋未分龍之前雖有許多節數衆龍共之本山只分其旺氣不得認為己之特祖故曰掛祖分受發福不久

又如龍身長者。雖有許多節數。若不特起高大星辰。但俱小牽連兄弟相若而來。兩邊護從少者。不得誇龍長而祖多也。如此者雖有開面。不過四五等格。又如雖有特起高大星辰。若不跌斷成勢。對看似成星體。橫看牽長一條。亦不得誇祖宗之高大。若此者。而必不大從必不多。亦不出四五等格。又如雖有頓跌星辰。若不能特起特降開面成座。枝脚橫鋪廣遠。但伯仲相若。形如鋸齒之齊。枝脚短縮而不揚者。亦不得誇星峰之秀。如此者雖節節開面。不過三四等格。必有成座特達之星。明大向而出低脈前後間星主于其間。雪樵子曰有二星無變化要間斷有變化要間出間斷者尋常星辰亦大小收放相可間出者須如鶴立雞群一見令人刮目間而來送從之山。亦起星峰擁護方爲三等格中富中貴翰苑科甲之地若有間脊展翅列屏列帳成座尊嚴佔地步廣濶之大星主于其間行度處大者極大小者極小收處極收放處極放如祖孫父子相間而來送從之山疊起星峰衛護有聚嶠行嶠坐嶠之氣象者方爲一二等格凡聖賢仙佛后妃王侯將相大富大貴之地規模大抵如是故巒地之大小只在星辰極尊不極尊地步極廣不極廣有脚停匀不停匀別之又有近省城之隨龍穴與出洋之大旺龍枝枝結果節節開花但分得大龍一二節或只得貼身一掛護從多而面向大者大富貴護從少而面向小者次之倘山體小巧細嫩不能復開太面而得砂水眞向者多節與大面等蓋後面原是一二等龍身來自數百十里之遠帳峽多而脫卸淨一節勝彼百節故龍不必長一尺勝彼百尺故面不嫌小

枝幹

龍以枝幹名。以木喻也。木自根達于巔曰幹。旁出曰枝。幹復分者爲小幹。枝復分者爲小枝。大枝即枝中幹。小枝即枝中枝。故有大幹小幹大枝小枝之別。古人定枝幹法有四。有以水源長短定者。如大江大河夾送龍身者爲幹龍。小溪小澗夾送者爲枝龍。或一邊大水一邊匝水。或一邊小水一邊大水夾送者亦爲枝龍。有以雲霧有無定者。如高峰大嶂。其巔常有雲霧者爲幹龍。低小而無雲霧者爲枝龍。有以星峰有無定者。如渾厚博

山洋指迷 清 乾隆刻本

大不起星峰者爲幹龍秀麗頓跌星峰多者爲枝龍有以峽中人跡多少定者如幹龍數千里而來斷處多係省郡通衢峽中人跡繁多枝龍數里一斷斷處爲鄉村小徑人跡稀少是也尋定枝幹亦有二法一以峽中所到兩邊大界水定之大幹龍峽中所到大界水必數百里而來小幹龍數十里大枝數里小枝則里許而已又以太祖分龍處細審落脈正幹必縱橫自如不顧他人傍枝必環抱護從面面相向枝幹之分二法亦可盡之雖然枝幹不可以長短論有枝長而幹反短者蓋幹龍

每從腰落而旁龍前奔數十里以作護衛若不以地步廣狹開面多寡大小辯之何以別其重輕分其主從乎但幹龍結穴有脫嫩而結亦有不脫嫩而結其正傳嫡支又有混于衆枝之中似難分別惟以節節開面縱橫收放自如護從環向多者爲正幹分枝掛枝亦有大小不同仍以護從多地步廣者爲優又如分枝並落共一龍身欲識其輕重亦以此法定之

老嫩

龍體老嫩以木喻最肖蓋高山窮谷之中萬山于此起祖衆水于此發源龍極老而不結地如木之根本處無花果也迨其行行漸遠至半洋半谷之間一邊大水尚行一邊小水已合龍身漸嫩而地亦漸結如木之分枝處漸有花果也其分枝有老嫩不同輕重不一只以開面大小地步廣狹衡之迨其愈行愈遠至大江大河大湖大海之際萬水于此同歸正龍于此大盡其將盡未盡之間乃龍之最嫩極肥處結作多而力量大如木之

正幹正枝。花果極盛也。蓋老山起祖。開面方始。未經脫卸。水初發源。少有會合。節有分出嫩枝。力量微薄。及行至半腰。開面漸多。脫卸漸淨。有小水可收。漸能結地。至大龍將盡未盡之間。歷數百十之帳峽。經千百十之開面。脫卸極淨。諸水皆聚。各開好面結地。所謂枝枝結果。節節開花也。但結地處。仍以砂水向多者為勝。是以山谷之間。必有數十里來龍。數十節開面。臺屏帳蓋纏護多而地步廣者。方結大地。若大龍將盡未盡之處。只有里許龍身。數節開面。或一二節開面。有一二座臺屏蓋

帳者亦然。大地是一節勝彼百節，小而勝彼大。可[illegible]股

纏山勝彼數重關鎖，小山砥柱中流勝彼數重大[illegible]塞

居水口也。至于[illegible][illegible][illegible]盡處，與餘龍結正穴，[illegible]之餘

氣，雖與山谷間之側[illegible]例，若本身不開面出脈而無穴

情者，不可以為脫龍節[illegible][illegible]寸寸是玉而打之。然山谷龍

身節節開面跌斷，多[illegible][illegible]曰嫩，出洋星體不開面，或偶

有開面而無跌斷者，亦[illegible]老。開面而無出脈者，係他山平洋特起高大拱蟄山

用神鄉[illegible][illegible][illegible]岸，故山谷亦有大貴地，出洋龍多下賤龍

門之類[illegible][illegible]

也有等[illegible][illegible]行度，僾變為低小星辰，開面起伏而出嫩

五

枝。不數節。又變爲龍。尤粗蠢。不開面起伏。而成老山。及至數十節。又變老爲嫩。嫩又變爲老。老者總之。老處分結少。嫩處分結多。老處分結。非數十節不能成地。嫩處分結。數節便成矣地。

內外

龍有盤旋之勢。即有內外之分。既有內外之分。即有輕重之別。內外者局內局外也假如一枝大龍結穴而邊。必有帳作包裹在帳內結者爲局內在帳外結者爲局外局內結者力重局外結者力輕。如大龍左旋。則左爲外而右爲內。兩邊分結之地。必左少而右多。左輕而右重。大龍右旋。則右爲外而左爲內。兩邊分結之地。必右少而左多。右輕而左重。此內外就盤旋之勢言之左旋者以右爲內右旋者以左爲內言其勢之所抱向者爲內也。蓋外邊如背。逼近大江大河。水浩瀚而風吹氣散。山亦多粗。內邊如面。向包含小原小坂。水細小而氣聚風藏山亦多嫩故內邊略掛一枝勝外邊特發數節外邊數十節龍身不及內邊數節之力內邊即傍門借戶略有包裹便結外邊非自立門戶數重環抱不可外邊惟恐見大水只見一線無妨枝龍不納餘水故也內邊惟恐不見大水任是洋朝愈妙自家血脈故也如杭城之南山右旋者也江干為外西湖為內孤山左旋者也古蕩為外西湖為內傍西湖結地者不止數百處傍江干古蕩結地者不過幾處而已內邊大富貴地不可枚舉皆是傍借門戶見西湖者儘多外邊惟江交略有地[illegible]

眠牛山下者。果爲大地乃自立門戶。不見江水其龍亦自有帳峽。特出數節方成西湖大地但得一節而結穴者儘多此內外輕重之徵也

開帳

廖氏曰、大凡開帳要中出。角帶未爲吉。左出爲輕右
輕。輕[illegible]中分[illegible]十字帳次之。金[illegible]
爲上。[illegible]丁出丁字帳直來轉横
糊者爲[illegible]一肩明顯者爲金水糢
水星[illegible]一有肩如弓之有弰淵
者數十[illegible]要[illegible]至或一望之遠最大龍
身分[illegible]凡此方[illegible]穿心中。後龍撞背而來心中出脈即十字
穿心[illegible]爲[illegible]心。心不過中心正出之龍三
帳[illegible]
五十[illegible]正蜈蚣節而已。所謂正穿

心不能[illegible]正見四五節。或一二節者。其
餘亦須[illegible]不穗。氣脈不散而正出之。
間或[illegible]或蜂腰馬頸。或鳳舞鸞翔。
或蛇廻蜿[illegible]不一。只要龍身眞正。不
必定泥[illegible]孚帳亦爲貴格。有等穿心
之格。帳[illegible]厚。自帶倉庫者。主大富。又
有開帳之前中[illegible]下。突起俊秀之峰者。爲帳內
貴人。主大尊貴。又有穿心出脈之帳。兩膀高起圓峰。不
與本身聯屬。侍立兩旁者。爲暗庫星。主富盛而多姬妾。

然小穿心蜈蚣節已爲難過況開帳正穿心乎至于
人暗庫猶爲罕見
或曰帳有眞假乎曰在帳中出脉開面者爲眞否則是
假但此就統體而論如後龍祖宗甚美前面子孫俱開
好面佔地步多者方佳若祖宗不美胎息卽子孫受傷中
間雖有一二節穿心帳亦作假論如玉髓經所論尹瓊
姬祖地户也若橫龍分降借勢爲帳者須前途自開好
帳卽借勢亦爲有力不然不足恃也
或曰帳字何義曰古人以行軍帳喻之謂出了後帳又

開前帳卻行渾帳一日一移也。玉髓經云。帳者障也。謂橫開廣闊。能障其風。不使吹脈。障住外山外水。不使逼近龍身。幫是佔地步之廣。帳有二義。橫開廣濶如一字帡者曰幛。分開大八字而包裹到頭者罩帳稍有系時。

或曰。帳蓋護龍。能減正龍之力否。曰。開帳面小。護帶少者。不能[illegible]自蹤帳角。何能結地。如穿心帳開面極大。[illegible]跌卸而去。枝葉自茂。定有融結。若正龍開帳面小。而帳角反開大面。豈惟減正龍之力。勞者反為主矣。否則帳角分結。猶是正龍之明帳

又有帳峽。猶凡地步之廣。其輕重亦隨正龍。惟富貴終
有正旁之別。初落之帳角分結力尚小。中落之帳角分
結力漸大。分枝掛結亦然。小龍小帳。不能有此。

蓋護枝葉

龍身所分開帳之外總名枝葉分之則有數名自逐節分出者為枝脚橈棹自祖山分出隨龍同行不到穴而先停止者為送隨龍同行而先到穴前廻轉作護者為迎横障穴後不抱左右者為托樂及為之屏特起大星辰分開大面肩翅長垂兩肩蓋過數節數十節者為蓋護蓋過龍虎者為纏護護龍起秀麗之峰端拱于穴旁左右者為夾輔端拱于穴前左右者為侍衛端拱穴後左右者為天乙太乙端拱峽之左右者為天弧天角月

月旗皷端拱帳下左右者爲暗倉暗庫金箱玉女總是龍之本身分出所以衛護龍穴者也不自本龍分出者非然本身已成貴體得他龍與面相向雖非本身分出亦可借用若背我來馳我或無背無面即本山分出亦無益也

或曰護蓋枝葉必宜兼有或有此而遺彼者如枝腳短少無護蓋可乎曰若逐節枝腳停勻交互適當而長遠者不必祖山之蓋送如梧桐芍藥蒹葭之類是也如自近祖分出兩股護砂能蓋過數節者不必逐節支寮變

衍帥無枝脚亦貴如上天梯、串珠龍蘆花鞭。金蟾玉瓮。
臥蠶吐絲。九天飛帛、仙帶飄空。金蟬脫殼。玉几龍軒之
類是也、又如近祖一邊無蓋護。一邊生枝脚。一邊無枝
脚者。則無護蓋一邊。不可不生枝。有邊不須生枝、如楊
撥身、捲簾殿試之類是也。又如自本身分出窩鉗墩阜。
如飛花片片。寒鴉點點之形。兩旁擁護者、不必須有枝
條。長垂蓋護、亦爲貴地。如蘆花數、擲骨龍落地梅花之
類是也、若既有近祖之蓋護長垂。又有逐節之枝脚繁
衍。非都會之大聯龍、估千里之地步者、不能有此、若護

蓋俱無枝脚又少一邊者公分有虧兩邊背然神廟之地有等出洋龍在大田大坂傍大江大河既無蓋送又少枝脚或以高田作護衛或以水遶當山纏而穴山開面出脈屏曲活動有雌平呼吸浮沉之動氣者便是富貴地如之杏单獨龍之類是也然究其遠祖必有屏臺帳蓋之格送從纏護之多來龍長遠脫卸淨盡方能有此不然洋場一路平坦無山何以亦有大地而平洋单獨龍何以儘多下賤者總宜究其來龍貴賤送從有無然後定其優劣編龍在山谷愈多愈貴托山并横山無

降脈者不須夾輔有龍虎不必侍衛大脈大角非人貴
龍不能有之既成大地無亦何碍
或曰龍身短長枝脚不稱可乎曰龍長遠枝脚亦宜長
遠龍短小枝脚亦宜短小龍高大枝脚亦宜高大龍長
遠而枝脚短小爲枯龍龍短小而枝脚長遠爲劫龍龍
高大而枝脚低縮爲獨龍蓋枝脚貴停勻若偏枯爲病
則宜順護反背爲逆則宜圓淨尖利爲殺則宜秀麗醜
惡爲賤則宜整齊散亂爲蕩則宜合格貴形吉形爲吉
賤惡爲凶故龍之貴賤不同其吉惡亦形于枝脚觀枝

脚。之。氣。惡。龍。之。貴。賤。可。知。

過峽

古人論峽，以出脈偏正定吉凶。正者兩邊有護送爲吉。偏者一邊無護送爲凶。予微論峽，則以護峽山形論吉凶。吉形貴形夾護者吉。反此者凶。予但以開面出脈爲重。開面者雖旁出力輕，猶不失爲真龍。不開面出脈，雖中出無爲。如護峽山外背內面者吉形。兩吉凶形，不過吉中之疵。如背不對我，或無背無面，凶形。固內吉形何取。有等過峽起脈之山，亦如降脈開面者，此行龍脫卸。將盡未盡，必有分枝掛落之地。前途可覓。

陰陽峽者。即雌雄峽也。如匠人雌雄枘一般。一邊開窩而落脈者爲雌。一邊走珠而起脈者爲雄。凹爲雌凸爲雄走珠者凸上節泡遞生或雄落而雌受。雄落者落脈凸而有脊雌受者開窩遞脈迎雌邊雖有窩穴葬者未能得福。開窩遞脈眞氣未止故也

或曰、高山之上。並無跌斷。無峽可知。亦結大地者何。曰、古有高山峽之名。蓋山上架山。另闢世界。則山上自有平地。其起伏跌斷處、即謂之峽。但在下面仰觀。則不能見其實。高山之上。有平地。即有跌斷。若無跌斷無峽。不另闢世界。何能結地。

崩洪映者穿江過河之石脈也石脈從水中過是山與水爲朋水與山爲共故曰崩洪惟平洋江河中有之蓋平洋數千里來龍至大江大河勢不能住則渡水而過其過也必開帳作勢兩邊枝脚一齊濶張如鳥之將飛必先舒其翅而起石骨過處水必兩分龍渡河水必左右分流方是過河之脈其力自大但水面不能見耳山谷水趺瀉溪澗石骨形象不拘

兩邊山脚石骨雖連而彼岸田水不隨龍勢前行反流入過龍河中即在平洋只以山脚論並非過龍謂之崩洪峽者非龍能既渡河則龍勢前行水自隨龍脈前去若反流入過龍河中仍是山脚相連非渡水之

龍然渡水之龍亦必開面方有一脈透過中有龍脊其
也
水兩旁分流或土面之水向一旁流去而河底水亦必
兩分故云非石骨不渡水但博到無山處硬土亦能渡
只要中淺旁深若不開帳作勢枝脚邊有邊無來不泊
湖水中雖有石骨彼岸雖有墩阜只以星散零斷論至
于芽田渡水則以河浜來去爲潙雖在極平處仍有浜
脚墩阜可証
玉湖峽者當脈橫生池湖脈在水中過也天池峽者峽
旁各生一池或只一邊有池一邊低田低地脈在中間

過也。玉池峽者，當脈中心生池，孤在兩邊過也。其水是龍氣停瀦，非因雨積。池湖是造化生成，非人力穿鑿。深大力大，淺小力小。四時不涸、清而不濁者貴；忽然乾涸、渾濁腥臭，衰敗之兆。果是胎所之祖壟屏帳蓋之龍節節開面、地步廣濶，有此更証其貴。中等龍見之，亦只尋帶；下等龍見之，何益？故只觀其地步之廣狹、開面之多寡、龍格之優劣為主。

古云：峽前峽後好尋龍者，以龍身逶迤路遠，將過峽，久勃之勢昂然而起，旺氣一聚。過峽後，方興之勢躍然而起旺氣亦一聚必有旺氣透于兩邊一開面降脈即借峽中之迎送爲門戶而穴易成或自立門戶更妙然惟嫩峽有此老峽則否節節開面枝葉旺盛龍勢盤旋有蜂腰鶴膝者爲嫩峽牽連小面枝葉稀疏龍勢徑直腰硬者爲老峽騎龍穴順騎固須開正面穴前週容容聚儼如前面不去倒騎亦須倒開正面左右砂層層廻轉儼如背後生來環抱有情方妙然峽前峽後分枝結地者十之八九騎龍結穴者十之一二

或曰今人見山跌斷即以峽名之並不問迎送有無無迎送者亦能結地否曰峽背有迎送者惟大爲貴也但

按騎龍穴居龍脊後有兩砂送前有兩砂迎似蝉雄峽者真前兩股包後兩股在內則順騎後兩股包前兩股在內則衙騎由暈在側砂必邊高邊低或邊順邊逆垂高統順向直收迎而橫騎則騎四正無偏則若中騎之斬關氣無穴暈正脈前行借暎中迎送如

是小龍止有跌斷何能有迎送之砂但跌斷而得開面出脈前去亦結小富貴地不開面而跌斷方在所棄至小枝龍分跌斷亦無何能有峽惟視其開面有無多寡而已有等大龍來處過峽重重俱有迎送至入首數節只跌斷而無迎送亦成大地不可以到頭但有跌斷無迎送短之

騎龍體段一般剪裁得法亦發有餘枝前去數節而後止者亦名騎龍若前去只有一節便大水會合則爲斬關主山經秀亦能催官然騎龍斬關以橫騎爲上順騎須鑿池截氣開溝放水倒騎惟高穴有砂水自具若低穴則不能收水故曰雌遷承能得福

附雄落雌受峽圖

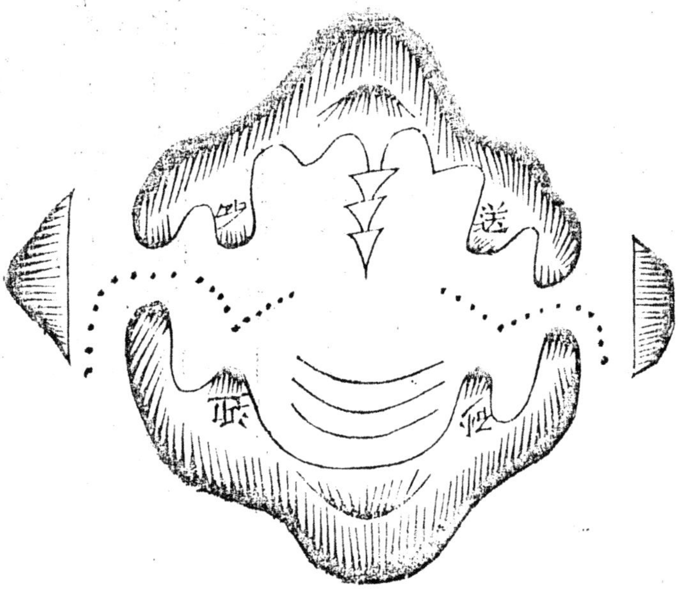

入首

入首者。到頭數節也。子微論龍格芽落傳變。與廖公李
氏之論龍格。皆以此數節定吉凶貴賤。蓋大祖大宗。猶
是遠龍。惟此處最爲切近。若入首不美。祖宗雖美何益。
必有入首既美。祖宗必美可知。故尋地捷徑。必以入首
他結。尋地有二法。有自祖
數節爲主。開面者眞。不開面者假。宗尋枝隨龍看到結
穴處。有自結穴處逆尋到祖山。然結穴既美。後臺屏帳
龍必美。故從結穴處逆尋到祖山者爲捷徑。
蓋成座星辰。護衛砂水重重。眞向者富貴。華蓋連。小面單
砂單水拱向者小康。

胎息孕育

語云千里來龍只看到頭一節賦云入首成胎猶防死絕故胎息孕育比入首更爲切要○大成云主星後一頂爲胎胎下束咽曰息主星頂曰孕成穴處曰育此處不成穴必借閃藍元武後一節之頂爲父母○穴山之蓋山是也父母山開面出脈爲受胎開面者陽氣發舒之象出脈者陰氣來聚之形開面處有垂頭是府而施之之象出脈處有還就是仰而承之之形陰陽相配俯仰交孚則受胎也胎前跌細如蜂腰處謂之息如母之受胎而養息也○此論父母山開面出脈帝武頂前是穴山

頂
前有隱分隱㒹之微有是氣之呼而沉微有前起貼體
微泡為化生腦是氣之吸而浮化生腦前亦復有微分
微㒹之呼而沉微乎微起之吸而浮謂之孕此論化生腦開面
出脈孕以化生腦為主上自穴山頂如母之懷孕而孕
前下至牛山遁脈節泡統謂之孕言孕之前後呼吸浮沉
之呼吸浮沉與母息相通也與父母山之氣脈相聯也
孕下起孩兒頭部臨穴之毬簷開端然之面又有隱分隱㒹
微有微起之動氣謂之育如子離母腹下而出其呼吸浮
沉之動氣故能育也此論毬簷開面出脈是以胎息孕育全在
開面方成而生機又在呼吸浮沉之動氣也

附論

古人論胎息孕育有始于少祖山有始于父母山及有以毬簷爲胎而息與孕育亦異者何也蓋萬物之生莫不有胎天地亦一物也太極未分之時包天蘊地渾沌即天地之胎人之胚胎亦渾沌之象及乾坤定位而寒暑遞更男女攸分而子孫相繼即寓胎息孕育之義焉山川亦以二氣成形得扶輿磅礴之氣高壓天下名山綿亘東西南北不知幾萬里者崑崙是也萬山之派始于是萬山之胎亦成于是其分枝劈脈即是息也各都各郡特起名山孕也息都建邑

山洋指迷（清）乾隆刻本

之地有迹。以龍身發脈論。當以太祖山爲胎。分龍爲息。少祖山爲孕。宗山爲育。以行龍入首數節論。當以少祖山爲胎。過脈爲息。父母山爲孕。穴山爲育。先生以父母山爲胎。出脈爲息。穴山化生腦爲孕。孩兒頭爲育者。以其切近也。然此就大山薄換小山出脈結穴者言之。若僅係穴山三分結穴者。則當以穴山化生腦爲胎。毬頭出脈爲息。半山突泡爲孕。毬簷爲育矣。其以毬簷爲胎者。亦可遞推乳突窩鉗。所謂承胎而葬。堪輿經所謂點穴須扶胎息是也。故古人論

雖不同意各有在先生因其道而申明之蓋以切近
最要者言也

裀褥唇毡

裀褥者坐下之軟肉也唇毡者穴前之餘氣也有裀褥方有唇毡則唇毡又爲裀褥之餘氣也分而名之穴前平仰圓收者爲唇唇下又鋪一層平仰肉者爲毡有唇短而毡長有唇長而毡短有唇毡長短相等者總宜有仰起托起之勢兩角收上中央弾出四體寛平不欹不側者爲眞開口穴唇吐口外乳突穴唇吐襟內有口無唇爲空穴有唇無襟爲死唇襟者唇旁之兩砂兜收也口開濶大而長者口內應有小唇突生臍靨而凹者唇

內宜有小口臨田無近案者唇毡俱全為妙在山有近案者只有唇收便柱高結之穴圓唇非長大平坦而塊起不可低結之穴與有近案者只要有塊起之意稍峻無妨其唇短而高起者毡宜濶大唇長而坦平者毡短亦無妨若似反弓簷裙者地必假蓋唇毡是裀褥之餘氣鋪來無唇毡則裀褥亦假故所謂裀褥者不惟穴旁坐下宜有穴後穴前亦宜有之穴旁無裀褥則無胖腮穴後坐下無之則不和軟穴後即毡唇之後穴前無之則無唇毡何以成穴惟有裀褥自有唇毡不致散渙失前而見

其餘氣[redacted]必餘氣旺者雖小地亦發人下左邊多者長盛右邊[redacted]者幼盛面前多者衆房俱盛或曰每見穴前數尺餘氣子孫反多大片餘氣子孫反少何也曰穴前雖有餘地而非本身鋪出或從左或從右鋪來而一邊界水隱隱從穴前割脚過者或左右俱鋪來而兩邊隱隱界水從穴前割脚合者或從本身鋪出而無托起平仰之勢如覆鵝毛之倒下龜背之有脊者或雖托起平仰而穴後不開面無𨻶平者雖穴前鋪出一片餘地皆非餘氣也蓋氣隨脈行脈隨氣止氣脈凝聚自然四

體融和精神發越一邊界水割脚而過者必唇側而無毡而邊界水割脚而合者即有口而無唇前無唇毡穴無氣脈也不能托起平仰者生氣不收也如覆鵝毛龜背者陰煞不化也後無繼平者即無動脈脈死氣散也氣尚無有何能有餘眞氣既無雖有餘氣何益此皆裀褥唇毡不眞故也餘氣少而丁旺者可不言而喻矣

餘氣。此篇論龍身餘氣與前篇論穴前之餘氣有別

古云大地多從腰裡落廻轉餘枝作城郭餘枝即正結之餘氣也蓋龍如瓜藤瓜之結實多在藤腰及將盡未盡之間近根之處正藤之杪即有所結不堪爲種眞龍結穴亦然正穴既結其餘氣或從龍虎肘外或從官鬼前後及纏護禽曜邊曲折而去或山或地或作水口或成陰地陽基有數里而往數十里而止者只要眞無論情拱向遠近去而不結者力少去而結地者力大故省郡之大幹龍將盡處閃落一枝結穴而以省郡爲用神者封拜

之地經云餘氣不行數十里定然不見王侯地蓋小地以砂為用神大地以正龍為用神如韓信將兵漢高將將也惟分落之小枝如結瓜之子藤但得獨立門戶自然風藏氣聚不論前去餘氣有無然所謂餘氣者內觀外觀俱要真面向我而後去去而復回顧者方真有外背內面之真情拱向方有顧戀之意若內觀似向外觀似背遠砂似向而近砂反背者乃鬼刦也撼龍經曰鬼山亦自有真形形隨三吉輔弼類九星皆有鬼形樣不類本身不入相故真龍之鬼自有種類有此龍必有類形之鬼而小枝護

則另生頭面不與本山類形是以餘氣鬼劫小枝龍之
鬼氣三者又各有别

論地步本於開面

開面地步雖分兩様然開大面即是佔地步無地步即是不開面何也大八字一統單盡護帶數重兩邊送從纒護面面相向非開大面乎貫頂出脈護帶全無兄弟山換近本身者非無地步與不開面乎故開大面地步自廣開小面地步自狹不開面地步自無蓋面之大小不專指本身言亦兼羽翼護衛言之也羽翼護衛多者地步廣雖本身之面小亦為開大面無求翼護衛者地步狹雖本身之面大亦為開小面故開面地步總是一

事但自本身之肩臂眉目肌理之分言之則爲開面自外層之羽翼護衛言之則爲佔地步論真假非肩臂眉目肌理之分不可論大小非羽翼護衛之分不可固一事而兩名者也

論開面地步者括形勢星辰

秦漢時論形勢唐末時論星辰今人止知論勢其次論星與形予獨論開面地步者蓋以山川古今不改吾人所見不同總皆發明山川之秘如狐首青烏葬經以形勢察性情以性情察生氣撼龍疑龍玉髓經泄天機之類以地下山形合上天星象以人間庶物狀山川變形逐類推求隨形模倣皆格物以明理非初學所能驟至予開面地步之說察悟萬山性情總歸一貫機竅意淺言詳人所易曉況形勢星辰亦皆包括誠以山龍無開

面地步即不成形勢星辰何也未有不開面而能成形勢者也未有不開面而能成尊嚴降勢者也未有不疊疊展轉開面而能成飛舞踴躍之勢者也未有開面之羽翼不面面相向而能成團聚迴環之勢者也未有不佔地步之廣而能有勢如重星茂草喬木勢如降龍水繞雲從者也未有不佔地步之極廣而能有勢如巨浪重嶺疊嶂勢如萬馬自天而下者也廖氏曰貫是脈從頂上抽暈峰不現頭飽是渾如覆箕樣醜惡那堪相楊公曰大抵星辰嫩破碎不抱不身多作怪皆星辰不開

面之說也葬經曰形如亂衣妬女淫妻形如仰刀凶禍難逃形如臥劍誅夷逼僭形如覆舟女病男囚又曰勢如戈矛兵死刑囚勢如流水生人皆鬼勢如驚蛇屈曲徐斜滅國亡家此皆不開面不佔地步之說也入式歌云好格面平方合樣面飽何勞相不開面者其面能平而不飽乎撼龍經曰作穴分金過如線曰分金者非即開面之謂乎又曰高山頂上平如掌中分細脈如蛇樣平如掌即開陽獻面如蛇樣即束陰吐氣中分即隱顯之分又非開面之謂乎然則古人之論形勢星辰未嘗

不寓開面地步之意但不明明道破予故發其隱微不言形勢星辰而詳論開面地步也

饒減

饒減者多者爲饒少者爲減卽挨加法也蓋暈心標凖左右均勻挨左則左少右多謂之減龍饒虎挨右則右少左多謂之減虎饒龍又如龍先到而在內虎後到而在外龍近虎遠作穴挨近龍邊卽是減龍饒虎虎先到而龍後到虎近龍遠作穴挨近虎邊卽爲減虎饒龍是也其龍虎不交抱而龍山低虎山高者亦宜減龍饒虎虎山低而龍山高者則宜減虎饒龍又落脈饒減之法如脈從左落勢必趨右宜右邊受穴左耳乘龍棺頭宜

親右邊梢脚宜近右邊亦曰減龍饒虎右肩落脈饒減亦然大抵落脈左右之饒減與龍虎遠近之饒減常自相符當饒減而不饒減者禍在公分如左砂先到當挨不挨長房必敗左水不到穴前故也右砂先到當挨不挨幼房必敗右水不到穴前故也又如水自左來右邊是下砂不挨右而挨左則青龍順竄禍及長房水自右來左邊是下砂不挨左而挨右則白虎順竄禍及幼房

挨棄

挨棄者挨生處而棄死處也如脈從左轉右則左死右生從右轉左則右死左生饅脈短者為生齊脈小者為生貼身砂長者為生痕影水明者為生踣稜伶俐仰處為生圓唇薄仰平鋪邊為生穴腮闊胼為生牝牡砂先到為生龍虎彎環顧覷邊為生氣脈有陰陽變化呼吸浮沉之動氣為生總之動處仰處圓處有情處厚者薄處薄者厚處均為生也左生發長右生發紉

倒杖。此篇乃立穴定向之準繩以明巒頭爲本理氣爲用之意

倒杖者手持一杖立于簷下平處仰視分水之脊對與不對分金之面中與不中仔細詳認務求對中將直杖放於簷下平處又以杖加直杖之上橫作十字看此横杖與穴腮對拼處適中否則脈緩將横直二杖移上數尺脈急移下數尺此法此□□□登頭後過彎邊一二尺。即股明股暗換過界明邊之意此換棄法也不急兩邊界水俱明潛直杖只對分金之面橫放只對圓淨處作十字虎龍藏在此時定之再以數丈線一條照直杖直量上下打樁繫定

上椿正對分金脊中。方爲不偏。此[illegible][illegible]之氣線。上以定穴以下定向、即于十字之中、打一[illegible]椿。將[illegible]字杖收過。只執一杖于手、站在[illegible][illegible]之處、而[illegible][illegible]雌雄相[illegible]者。串先到之砂頭。[illegible][illegible][illegible][illegible][illegible]水。雌雄鳥左右砂見乳突高鉗篇就者砂水相交串者貫串之義[illegible][illegible][illegible][illegible][illegible][illegible]不如龍近虎逸先收龍砂或串砂水交[illegible][illegible][illegible][illegible][illegible][illegible]從法也若股明界不須對明堂收若雌雄[illegible][illegible][illegible]闊大對開口當中對明堂聚水[illegible]鉗之穴處前頭正[illegible]在杭落脈前。觀此法。後倚收水出煞仔細消[illegible]。此用理氣法而放直杖于中、亦以一線。與杖相照上下[illegible][illegible]。窮定下椿正對合水尖。[illegible][illegible]爲[illegible]八扇。[illegible]定向以[illegible][illegible][illegible]

關對正案有明水則對[illegible]
交者對砂水交襟處開口不交者對盡[illegible]食。穴[illegible]
此定坐向之線。落脈饒減在定向線時辯之耳受者以耳對氣線。
乘者是腰受者。以腰對氣線。橫乘逆乘皆如窩鉗穴。是此乘氣之法。
線當以隱隱雞平之分心處為中向線當以唇口為[illegible]
橫杖當以水平牌結。對兩邊之圓抱中為則。此窩鉗穴乘氣定
線之法其乳突穴根耳腧腰必對氣線者。使氣之貫棺
直二杖已見篇首。
如線之串錢吞吐饒減挨乘俱憑十字為定。故曰串錢
十字。

一□□法

穴之淺深之法。有以兩邊界水定者。有以穴前小明堂

存者有以一合水定者。窩鉗穴無貼身一合水。一合水即蟹

水。窩鉗穴無一合水者即挑顛經所謂蟹眼不分扦

穴是也蓋深大窩鉗穴結低處平中取突毬簷無蟹

眼水分下即以貼穴分合。以兩邊二合水定者。從來議

爲蟹眼水金盆穴法亦然。

論不一。但兩旁界水之淺深。合水即□□一合水之淺深。

相去懸殊。一合水之淺深與小明堂之淺深。相去亦懸

殊。一合水從穴暈兩旁分下小明堂即　且穴旁痕影

穴前一合水蟬翼故一有深淺不同。

水。合水即一二淺者也一二細穴下應如是之淺或兩旁

溪溝成界。深[illegible]數[illegible]不[illegible]之深即二合水合于圓唇之下[illegible]不[illegible]葬穴亦不應如是之深。然則[illegible]定[illegible]之淺深與穴高低相等。似可以此[illegible]之過淺則有風吹蟻入之患。風吹[illegible]氣[illegible]鬆故虫蟻入[illegible]則有水濕黑爛之虞。陰來陽受脈綴者氣浮陽來[illegible]意者氣沉氣浮宜淺氣沉宜深浮沉得宜全在深淺恰中爲則過淺過深則氣不蓄即爲腐骨之藏古云穴吉葬凶者亦兼乘乎浮沉深淺而言也。況小明堂上下任人指點。增卑損益。隨意可更其深淺亦無足據。惟金銀爐底之淺深。與小明堂界水之淺深一。此界水指合水言常自相符。

宜以小明堂界水淺深尺寸爲準則多留眞土若
得鑿至爐底傍掘小孔探之將到爐底而止眞土有
而不浮韌而不硬乾而不枯潤而不濕明彩而不昏當
即生氣土也爐底土比眞土稍淡稍昏稍乾稍濕稍粗
稍變不必過硬方爲爐底有等眞土厚者比小明堂更
深數尺若因土美深掘過了小明堂必有水濕之患掘
穿爐底穴 做必須以小明堂爲準多留眞土托棺爲是
深水入

山洋指迷原本卷四

周景一先生著

山陰姚甬方校閱
姑蘇俞歸璞叅註
山陰吳卿嚌
姑蘇俞法陶
山陰吳翼年同校
山陰吳太占

平洋論

山龍以開面佔地步者爲勝。平洋亦然。蓋平洋開口即如山龍開面山龍不開面爲無氣平洋不開口亦爲無氣其理一也水分氣行水合氣止山龍不開向則水了分平洋不開口則水不合故均爲無氣山龍有星體形勢帳峽纏護者爲佔地步平洋亦有星體形勢帳峽纏護其佔地步亦一也但平洋蹤跡與山龍形體略有異同今亦以縱橫收放行止分合向背斂割仰覆枝榦大小分斷龍體穴形要之不外乎因水驗氣古云平洋得水爲先誠要語也

因水驗氣

氣者水之母也水者氣之子也有氣斯有水有水斯有氣氣無形而難見水有跡而可求水來則氣來水合則氣止水抱則氣全水滙則氣蓄水有聚散而氣之聚散因之水有淺深而氣之厚薄因之故因水可以驗氣也若池湖蕩胸無收則氣不能聚江湖潑面無案則勢不可當入懷之水太寬爲蕩胸必須退後收小或近取貼穴小水方可取裁大水當面直冲爲潑面宜有近案遮攔不致直見汪茫易豁易涸急去急來倏淺倏深洋爲妙詳後枝幹篇或環或直者亦有盛衰之應惟大水之內又有小水重

重包裹方見氣之藏而聚大界之內更有微茫隱隱分
合貼穴痕影水方見氣之動而止故眷去而回顧戀深聚留戀迴迴環曲折
環繞抱有情交兩水交會鑽關攔緊密織之合如織結眾水滙潴皆氣之所在也
穿穿胸破脇割割脈割腳牽天心直出牽動土牛射小水直來形如箭射反形如直來反弓去
無情斜斜飛而去冲大水冲來皆氣之所離也如反者使之環抱直
者使之曲折散者可以聚之去者可以蓄之挽回造化
亦在人功但本身血脈有情顧復者貼穴小水環繞也務宜換
親驗龍大水無意留戀者不可扳援若山谷之平洋山
多水少灘見大水無害總要自家界合為先耳貼穴界合無論

川洋必
不可步

縱横

兩水夾送龍身直行者爲縱兩邊枝水揷入者爲横大龍奔行數百十里或數十里或一二里兩邊枝水揷入如八字樣者爲帳枝水分流或數百十里或千餘里者爲大帳一二里者爲小帳兩邊枝水長短不齊濶狹不一帳之邊多邊少龍之中出偏出均于此辯之帳大而多者龍大帳小而少者龍小亦有借縱爲横借横爲縱者總以枝葉茂地步廣者力大但平洋縱横不如山龍易見枝龍縱横又不如幹龍易見蓋幹龍有大江大河

爲滉而枝龍惟小河小浜或低田低地忽縱忽横難以體認非遠着足力細細推求不可其龍身來去脊脈只以兩邊小河小浜揷入或低田低地中有一段高起處証之河界田而田之濶大處是横浜界田而田之狹長處是縱小浜横生處是横直生處是縱未分小浜之前是横巳分小浜之後是縱小河條而直流條而横流小浜忽而直生忽而横生低田低地亦如是者都是借縱爲横借横爲縱也總之縱者中脅自主横者側體顧人縱如菜薹花心横如菜葉花瓣菜葉花瓣爲護其心枝

關纏護因衛其主横者是開為合之機合者是收成縱之局故有縱不可無横有横不可無縱有縱無横者即無蓋護有横無縱者何以成龍然亦有等龍身在大江大河之中或隔十餘里或隔一二里有坪田浮于水面如鷗鷺之浴波或如珠如璧大小長短相間斷續而來此以小而直長者為縱大而横濶者為横察其到頭定有真正龍穴皆縱中之事砂水皆横中之事龍脈雖多曲折總居中而貫穴砂水即有直長皆有龍穴兩旁分佈縱横互借層見疊出者更微地步之大結作之多小龍如此大龍亦然

收放

收者束細咽喉也。龍身行度處。以之定峽到頭。三[illegible]之觀入首即所謂束氣也。平洋無脊脈可憑。全在[illegible]察其眞假。証其來源。放者放開枝脚也。帳蓋之大小[illegible]證之。短長均于此定之。大龍有大收大放。蓋帳關峽是也。小龍只小收小放。个字蜂腰是也。收放愈多則愈有勢。愈大則愈張揚。蓋收者如火筒風箱。小其竅而氣方徙。放者如瓜藤果木。茂其枝而本自大也。然非兩邊枝水揷入不見其收。非兩邊枝水分開不見其放。揷人言枝水自幹水生入分開言兩水自龍身分開如入字二者其義一也若一邊枝水挿入一邊無枝水分開卽是邊有邊無或一邊枝水挿入一邊隔了數段方有枝水分開如不對節之草者卽爲參差不齊此指直龍而言如橫龍旋轉者不以此論非眞收眞放也收放眞者大略與山龍過峽相同但山龍之起伏高顯然可見平洋之起伏低殊難識認總以兩邊枝水挿入爲憑因收處而見其放放處而見其收也至龍身行度處高山以特起爲少祖平岡以特斷爲少祖平洋以特取爲少祖故穴後之收放比後龍更爲緊要但後龍開帳過峽有兩邊

枝水揷入者。或一邊枝水揷入。一邊但有低田爲界者。亦以帳峽論。不過力量稍輕。若在穴後一節兩邊枝水揷入。固爲束氣。亦有一邊有枝水一邊但有低田低地爲界。或兩邊俱是低田低地。中間高起一段。亦爲束氣之真。○大坂平田兩邊無枝水揷入。又無高低束氣之形。冝飛邊吊角。而并譜近穴。雖無束氣。其後必有分水之峽也。然飛邊須邊上展開。當局形角須角上動而有情。即四面有水。其遠不拘方圓。大坂中間揷進一潪而灣抱者。亦有結作。若邊角俱無穴情。中間又無潪水揷入。但得微微起伏。有唇口氊砂。絡如隱而出龍精神藏而不露。不可以無明水而棄之。其收放之極大者。兩邊護砂。有金箱玉印、日月旗鼓、琴筆劍笏。○倉庫諸形。○或拱龍峽。○或護穴塲文具應文武器應武堆錢斧庫主富琴龜鳳鶴主仙形吉者吉形凶者凶吉形穴中見之吉不見猶奇脊脈之龍其形多連于本身或見于低用低地或見于高田高地平灘之龍每于隔河隔洪見之或見于水面或隱乎平田平地總以向我有情者吉無情反背者凶

附無來氣飛邊之圖

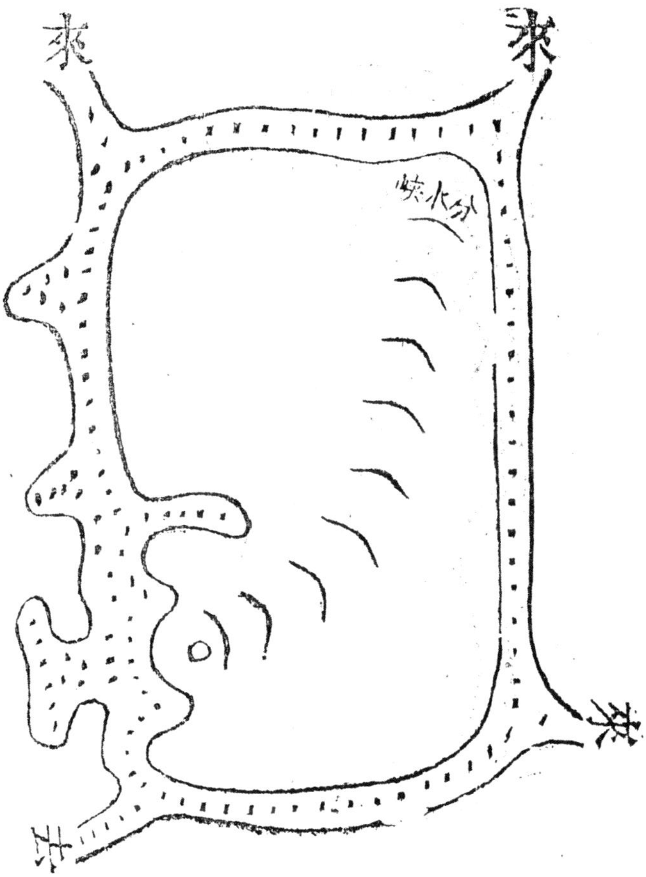

附無束氣弔角之圖

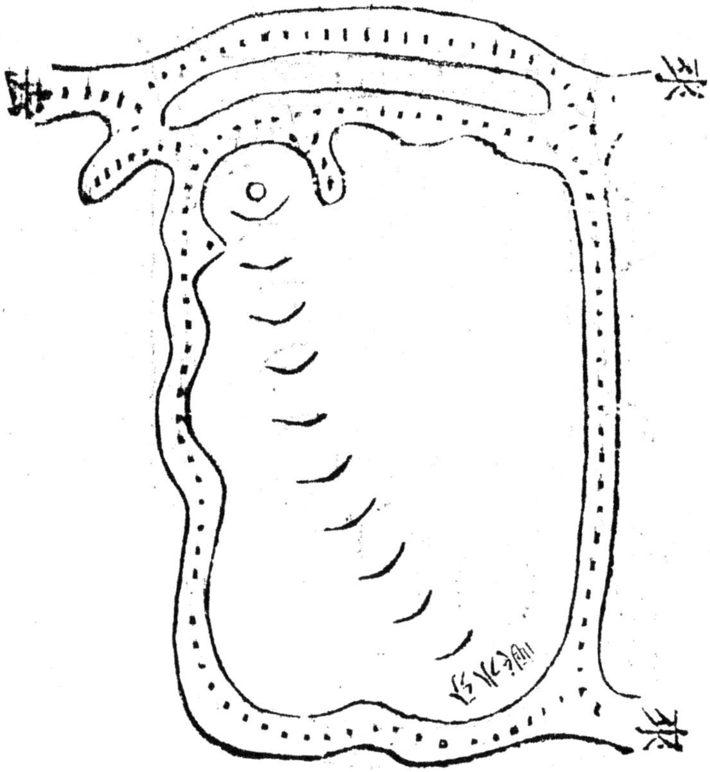

附錄束氣清插之圖

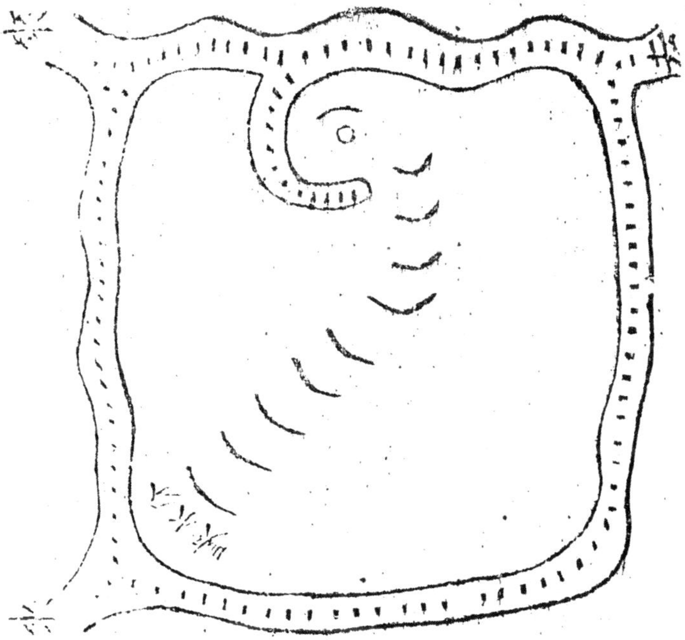

行止

平洋少騎龍斬關之穴者何蓋平洋以水行見龍行以水止証龍止不若山龍有形局可借者比故曰到頭水聚方能止水若無收氣遠奔然此亦就大合之内有小合者言若直臨大水交襟之處此大合水處地形必漸小纏護必短縮鉗局必不開以爲盡龍而扞之必致衰敗楊公曰尋到山窮水盡時地作尋叢容易棄故須倒尋轉去看有一股下砂小水纏繞處只收一邊之水或橫開鉗局或倒掛金鉤方是眞止平洋龍之橫結多而直結

少者亦形勢使然也口議曰二水夾出莫當前宜向左邊或右邊稀仙倒杖宜橫作下手雖空也進田又曰二水夾出莫當中中心水去十分凶翻身作向朝來脈發福綿綿爲坐空一詩前一首申明上交橫開鉗局之義穴宜橫作後一首申明上交倒掛金鈎之意穴宜逆扦故大水來合而小水合得下關水來纏繞者定有眞止大水合而內無小水纏繞者不得爲止也若逆水之龍其來處原是兩水夾送順行忽而翻身逆朝來水界龍之水流東界穴之水亦流東爲順局若界龍水流東而界穴水流西爲逆局如龍身順行有潛扦入爲後托與遡結同雖逆轉處最多不過數節而其內邊小界水

與逆轉之龍勢相迎方有眞止。如外旋龍勢左旋內邊枝縫水不旋方見內界之合龍右旋者側推。如內邊小界水仍隨龍順行必是砂體經云順水直沖而逆迴結穴方知體段之眞逆水直沖而合襟在後斷是虛花之地此之謂也。平洋坐坐朝滿須得低用低地爲明堂前有明堂後有束氣自有鉗口下砂以証內界小水環繞若合襟穴後內無界穴之水何以成穴即如裏頭水爲內者亦因內無小小環繞之故外界水者即枝縫中水。故又名枝縫水。

横釖臨

來

去

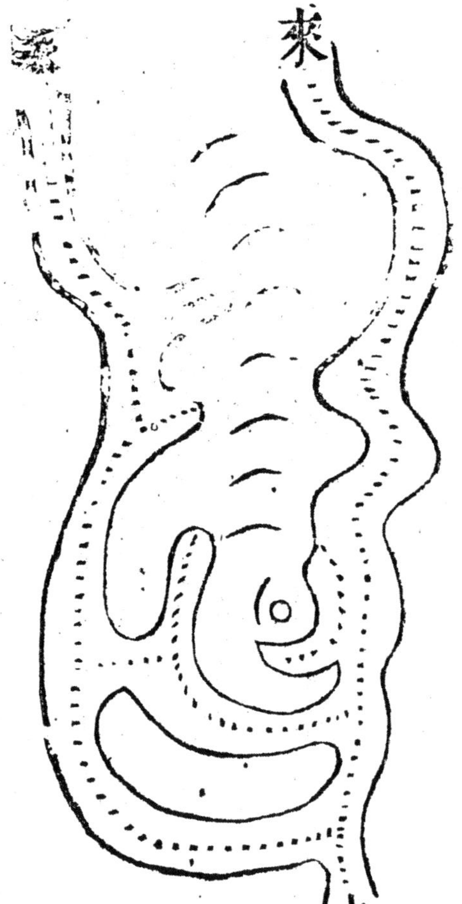

附倒掛金鈎圖

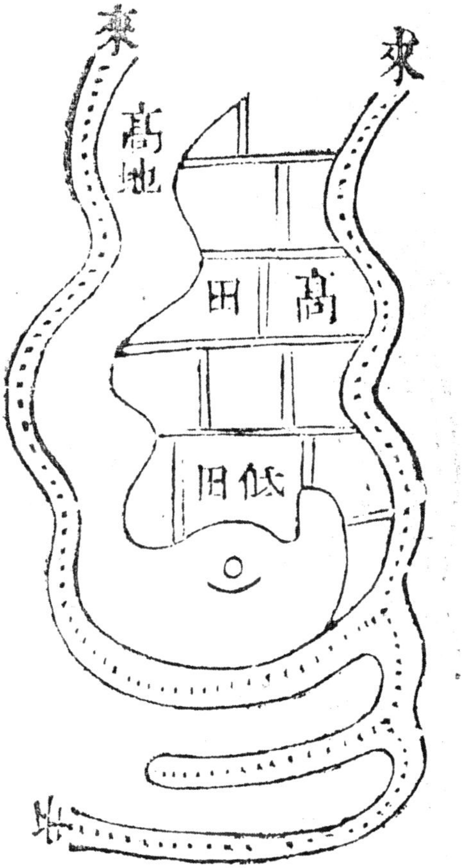

附順龍後托逆結圖

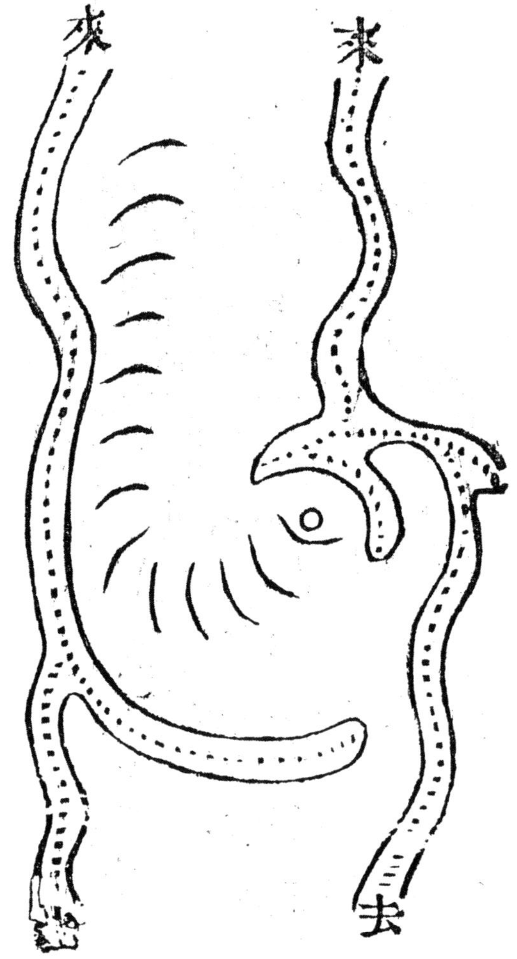

附合襟在後圖

附裹頭水之圖

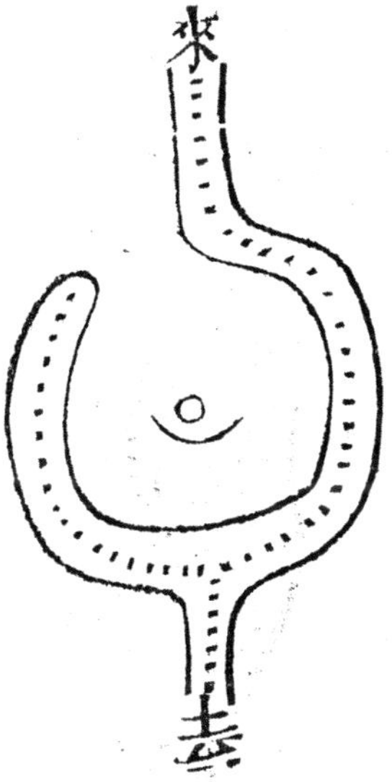

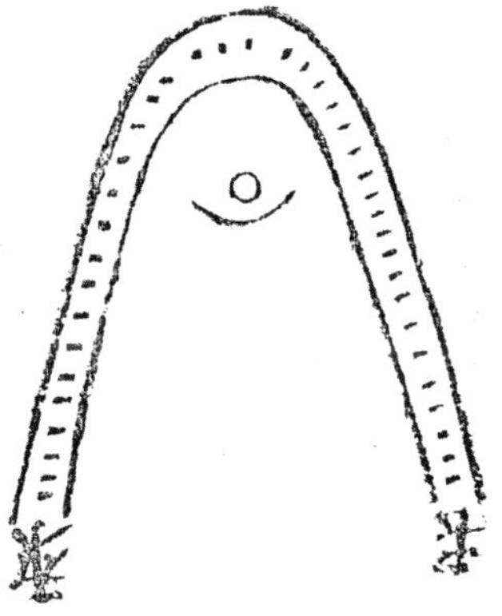

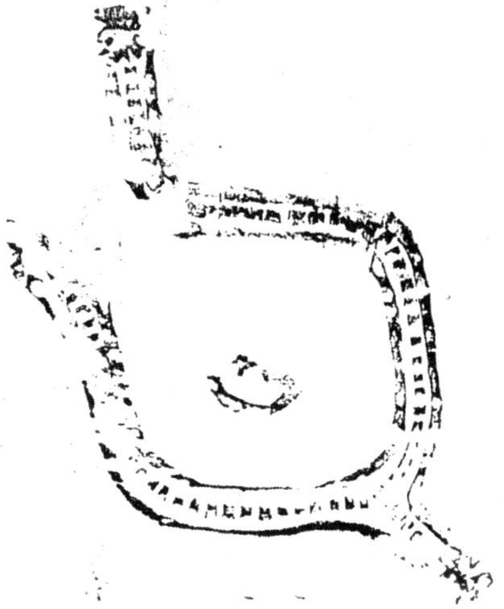

第一圖前中後漏其凶易見第二三圖以內無界穴小水不吉

閤貼穴水會圖

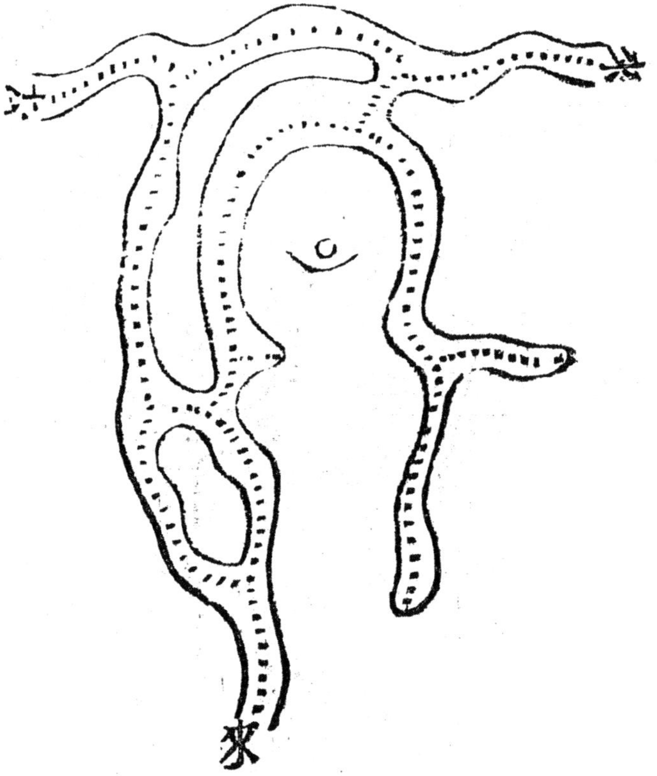

此穴左右有砂後有束氣兩水會合穴前故不作裹頭論

分合

平洋分合之大小真假何以証之曰不拘江河溪瀆與龍之枝脚纏護俱夾收在內者是大分合此分指分龍處合指大合處水即界龍之水枝脚纏護之內或低田低地或小溝小浜兩邊夾來先分後合以界脈入穴者是小分合此分指行龍處合指纏護外水合處即界脈之水入首之處分開枝水使咽喉束細而脈清氣健此穴後水分到穴之處逆繞下關使堂局緊收而脈止氣聚此穴前水合是真分合即成龍成穴之水有真分合可証龍穴俱真龍曰成龍成穴之水有大分合無小分合是假龍有

小分合無眞分合是假穴故眞分合更不可少。以上言水之分
合証龍　平田分舒兩翼層層漫來俱有向前之勢者亦
穴也
是分圓唇中間弹出兩角收上如月魄之倒覆轉者亦
是合使無層層撲來之勢何以見其龍之分而行若無
倒收之圓唇何以証其氣之止而水之合昔人爲桃花
滚浪非眞穴又謂眞氣之止不待臨流而氣已先收皆
指此也以上言砂之分合証龍穴也　蓋平田有行龍之勢[illegible]
無合圓唇有倒收之形即有合而氣[illegible]
餘氣可驗生氣之有無有生氣者則[illegible]

氣則無脣然有圓脣之合又不可無本身兩砂兜抱其
脣否則內界何能合內堂何能聚必有大界水扣肋
脚之害故乘脊氣者要鉗口兜其脣有鉗口即是兩砂與花可証貼穴小
水分合看水繞者須內界繞其脣有內界分合即以砂內是微砂環抱
必有水承鉗口兜其脣言水外必有砂也承內界繞與脣言故砂水之
合圓脣之合缺一不可

三分三合水附圖

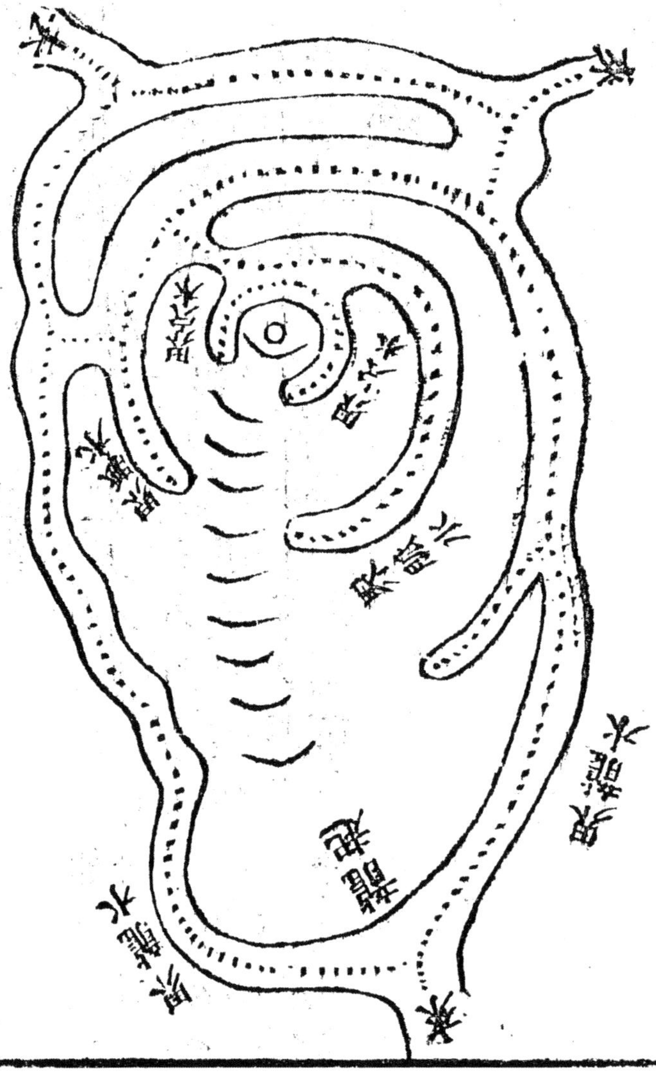

右圖界龍水兩邊如八字分開是第一分外明堂是第三合即大分合也界脈水八字分開是第二分中明堂是第二合即小分合也貼穴小水亦如八字是第三分內明堂是第一合即眞分合之水賴公曰大地有三分三合水中地二分二合小地惟貼穴一重分合水而已（指界穴小水言）

按平洋順龍順結而有脊脈者宜坐高乘氣而扦當以前圖爲式若順龍橫結逆結穴後與左右宜低所以見本身之高且低則有水以証水外有砂環抱其

取短漕冲照都亦是此意至穴前雖宜向高但須明堂低聚堂外砂高爲吉若前無明堂不成穴矣

向背○

脊脈之龍看砂之向背爲主○而水之向背自在其中○平薄之龍○看水之向背爲主○而砂之向背自在其中○然砂之向背○又在開口之有無眞假見之○水之向背○又在大水內小水外有無纏抱之砂見之○平洋正宗云平洋點穴余在氍砂氍得砂來傾用得水蓋平洋有以低用低地作堂作界者○堂界之外必有高起之砂○可辯其向背如四面之砂背外背內面而相向者○是眞口○而氣聚○眞口兩砂或長短不齊須下砂長而外背內面抱唇逆上方得明堂氣聚如下砂逆轉作案上砂只要面來向穴界短無妨下砂順轉作案得下砂逆上攔住上砂不使

順竄爲吉兩砂均勻者穴居于中邊長邊短收先到之砂與山龍饒減挨棄法同然逆局不以順砂爲嫌故平洋猶貴認龍認龍之法以水作地看以地作山看更以大界水定來龍小界水看入首放寬眼界細小理會則順逆自無遁形蓋水所以界龍脈龍身順逆惟水可憑若但以水爲龍不明認龍之法畢竟似是而非古人以眼倒星辰豎起看者即此意也設有一面反背者是假口而氣散砂背水亦反無口則更無砂可辯其向背而氣亦散此承看砂之向背言大也。水沟有小水界開方有小水交合可辯其水之向背如下手邊之小水左轉來向上手邊之來水右轉來向是水繞而氣聚水繞即是砂抱若下手邊之小水當逆向右邊者而反順行向左而去上手邊之來水當趨向左邊與下手左輔砂水相逆者。而反逆。不是水不向不繞而氣散。大水之內無小水界開而相合。則更無水可別其向背而氣亦散矣。此承有水之向背言。故內無開口之砂小水環繞相向者。此外雖有砂水相向。總無益也。此申明外有大水內無小水環繞之病蓋小水兩邊環抱方為開口之証據其一邊小水彎環一邊得低田低地為界亦是開口若此有一邊小水而直硬者外有砂水相向亦假

附配砂圖

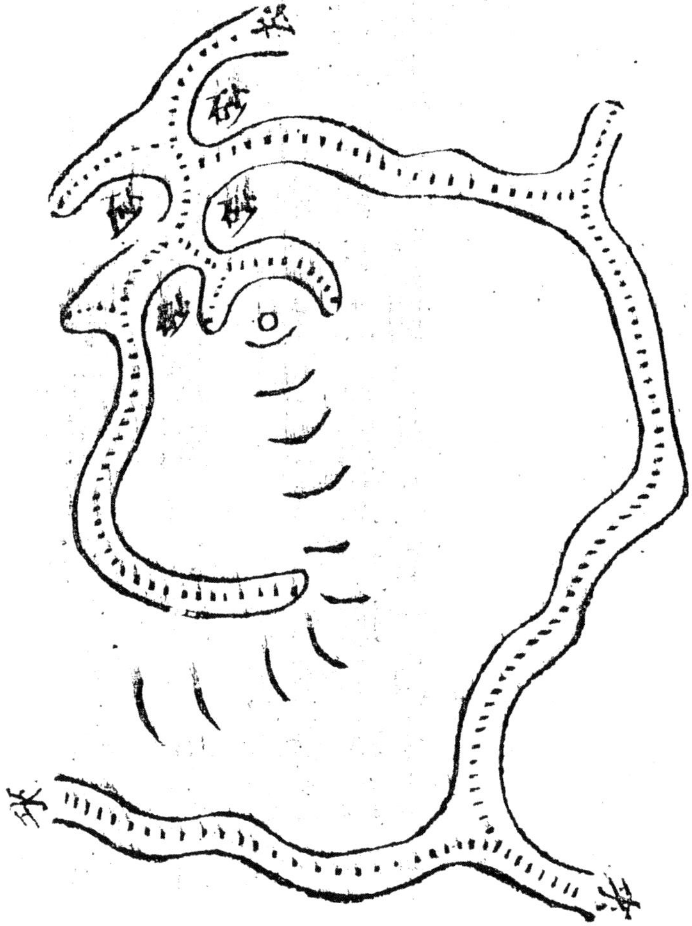

又式

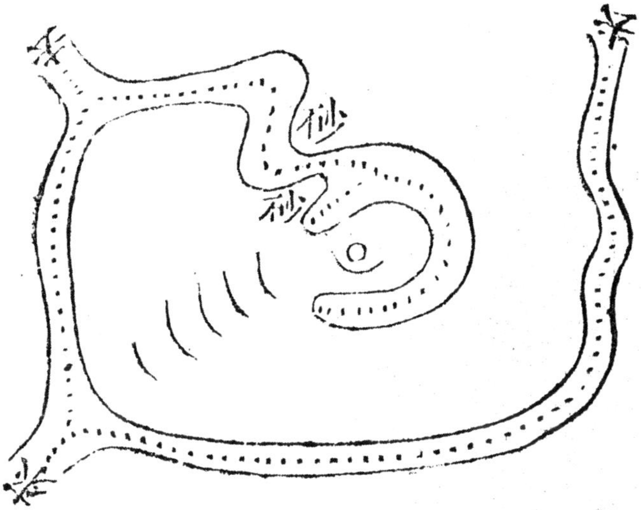

曲湊鉤轉結搆易曉若頂來氣而對圓唇則水城裏頭左右無砂不成穴矣此則開發擁乘後水灣環前水曲出兩砂交鎖有情者

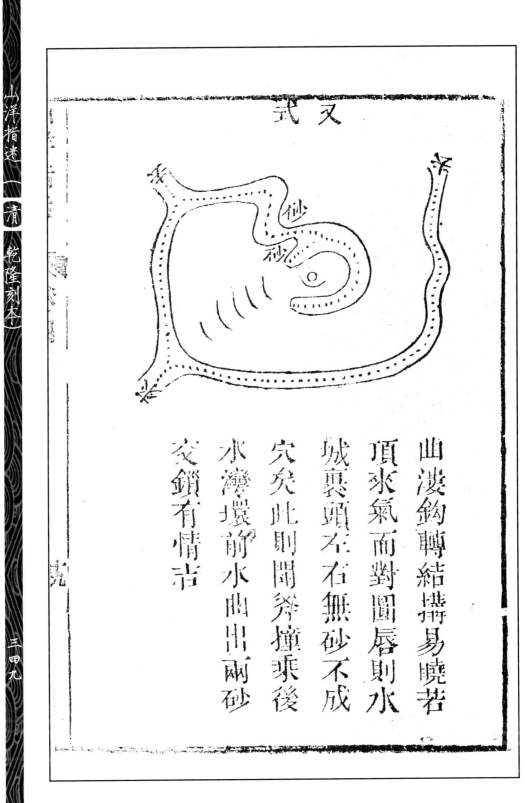

斂割

或曰、山龍忌斂割。平洋亦忌否。曰、大界水之內無小水界開與無鉗口之分。卽是斂也。到頭之處無砂水真分。圓唇之前無砂水真合。卽是割也。蓋無分卽斂。斂則必割。斂于入穴之處。水卽沖身。斂于兩臂之間。水卽割臂。斂于穴前。水卽割脚。故大口之內有小口。分合大水之內。有小水分合者。方無沖割之患。大水分合是大口。小水分合鉗局。分合是小口。故大水之內須尋小水。大口之內。須尋小口。此數語包括平洋諸書認穴之法

仰覆

或曰山龍忌覆喜仰平地亦然否曰仰屬陽覆屬陰山
龍是陰體當于覆中取仰故突處以平為貴平洋是陽
體宜于仰中取覆故平中以突為奇然在陰砂開口之
中隱隱如沒半吹氣蓋內浮酥泥中渟蓄者方不忌覆
即微突　扦如突大而顯者必須開微薄之口吐平仰之
頂之意
即突大扦但方意此指與山龍喜仰忌覆同若不在
脣在陰砂開口之中而言
陰砂開口之中又當自闢鉗窩出脣吐氣方可水鄉之
府縣基水漲時街宇階陛俱沒而正堂水不沒者則至

高之處為正穴低窪之所必無氣脈故平洋圓胖肥仰而高于衆處者為氣之所聚城市村落皆然此即平中取突也開口之陽基穴在掌心低處兩邊有高砂作護此即陰砂開口取微薄之面平仰之唇也

枝幹大小

辨平洋龍枝幹在分水處。（此指分龍處而言）與合水之處。（此指大合水處而言）兩邊水源俱長大者是幹。短小者是枝。一邊長大一邊短小者亦是枝。水源長大而大合水在數十里或十餘里者是幹。水源短小而大合水在數里或一二里者是枝。欲知水源短長。則以兩邊大界水廣狹定之。廣闊者水源長。狹小者水源短。長而不廣闊。雖幹龍而力薄。短而廣闊。雖枝龍而力厚。至小枝龍或一邊溪水一邊田源水夾送。或兩邊俱是小水夾送會合穴前左右此辯枝幹法也夫幹大枝窮盡處必不結地惟脫出至小之枝每在盡處融結大幹大枝盡處即大合水交襟之所故不結地若脫出小枝近收小水以大幹大枝氣作護者仍有融結幹枝龍不納幹水幹龍亦以不見大水為佳也若幹龍至將盡處枝龍傍大水邊在腹內大水小水纏繞之內收納界水而不見大水者力大如局面開濶而向大水者必須小界水即界脈水來路遠內水即界穴水纏繞有情明堂容聚餘氣鋪張前砂欄水穴間只見一綫彎環或如鏡圓靜照為妙如面前直見汪洋定不成地故地在腹中者十有八九在大水邊者十之一二在大水

邊而見大水者。百中一二。惟龍長力大之陽基局勢相當方可直臨大水。蓋陽基宜鋪盡（卽開拓之意）不同陰地宜收聚也。然亦須小界分開（小界分開卽是入脈之處）束氣明白方眞（後有束氣前有眞結）。有等枝龍之水（來源短小者是）因低窪而聚爲湖池。其間亦有取裁。但不可太近。亦不可別無小水纏護。恐有蕩胸潑面割腳空亡之患。蓋無小界水分開。被大界水貼身爲割肋（貼身者大界水貼脈直行此言穴後無分）無兩明堂。聚氣被橫水扣唇爲割腳（無內明堂卽是無鉗口扣唇斷不成者水貼唇前此言穴前無合）地池湖曠蕩無近案攔砂。穴小水大亦爲空亡。若辯[illegible]

洋之大小去山未遠有脊脈可尋者宜溯其來歷亦以兩邊大界水長短濶狹定之去山甚遠之平薄龍衆水交流無脊脈可見者只以交會水多寡大小出口處關鎖疏密定之總以帳峽纏護多佔地步廣者地大單砂单水纏護少者地小至于偏全聚散山龍平地相同不必復論

渡刦

或曰龍有遇水而止有渡水而過又有所謂水刦者何以辯之曰龍未到横水如龍脈自西過東大河自南流北故曰横水而界水合于田中即因水合而止龍巳到横水而横水水底無石骨硬土彼岸無分水脊脈則過横水而止如龍巳到横水邊或將到横水邊而田間兩邊界水分落河中水底有石骨硬土中淺旁深彼岸有分水脊脈則渡横水而過故曰龍過于江不過一堂一堂者小界水合于田中也若河中雖有石骨硬土彼岸雖有分水脊脈而彼

岸田水不隨龍勢前行反倒流入過龍河中此兩岸龍脚相連非渡水也如龍脈從西岸穿過橫河渡到東岸東岸田水宜隨龍東行若反流入橫河則兩岸俱是龍脚非渡水之龍　但龍只渡橫流不渡直流如大水自西向東而流兩岸小水俱自南向北或俱自北向南者龍能渡水大水自西向東龍脈從南岸渡過北岸者兩岸小水俱宜自南向北龍脈從北岸渡過南岸者兩岸小水俱宜自北向南向宜活看若兩岸小水亦自西向東水底即有石骨硬土亦是兩邊龍脚非渡水也龍能渡大江大河不能渡山谷之小溪小澗卽溪澗石骨連片或如一塊生成亦是兩邊龍脚相連並非渡水故云云　洋有卒

江之脈。山谷無過渡之龍。跌斷過脈處不可例論此節當與前卷論崩洪峽一節參看。或曰。有生成横水以界龍脈有開掘河道以斷龍脈年深月久何以别之曰水倒過一邊合流而去者生成之河也。逆龍之水直流而横河之流可左可右者開成之河也生成者能界龍脈開成者不能界龍脈也生成之河。猶能過者渡水之龍也開成之河而龍亦能過者傷其面而不傷其體也。然則開河斷脈亦有害乎曰脈之濶大處無妨狹小處有害離穴數里外者害小在數里內者害大。來扦而斷害緩。已穴而斷害速。所謂水劫者。應有脊脈處（過脈處宜有脊脈）去山未遠乎洋跌斷而無脊脈左水可過右右水可過左也。江河流通與開掘河溝而水過者。均不爲刲。大水淹沒龍脊而流通者。亦不爲刲。惟跌斷處。無微高脊脈而水可左可右者。方謂之刲。故跌斷處。微微脊脈。斷不可少。乎洋亦有玉湖玉池天池諸峽。前詳（卷山龍論峽篇）四時澄清不涸者。前途定有吉穴。

龍渡水附圖

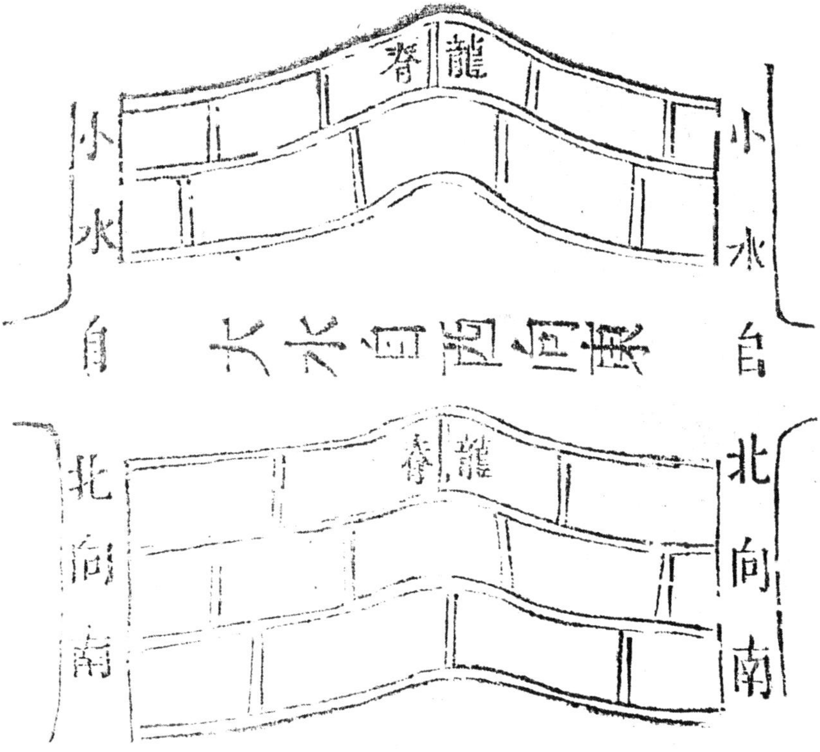

龍脚相連附圖

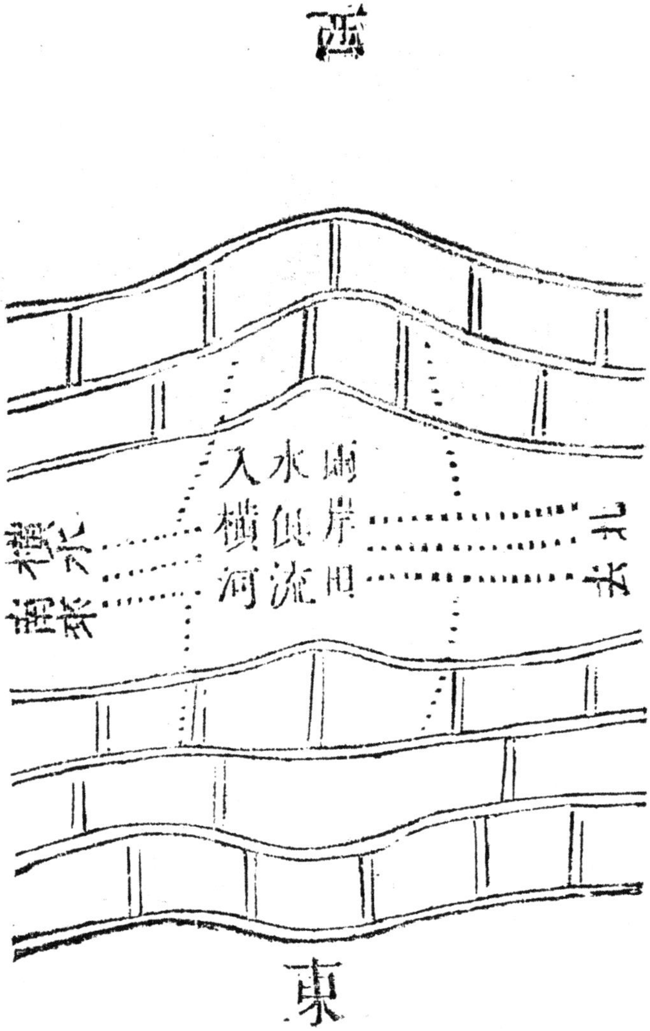

兩邊龍脚附圖

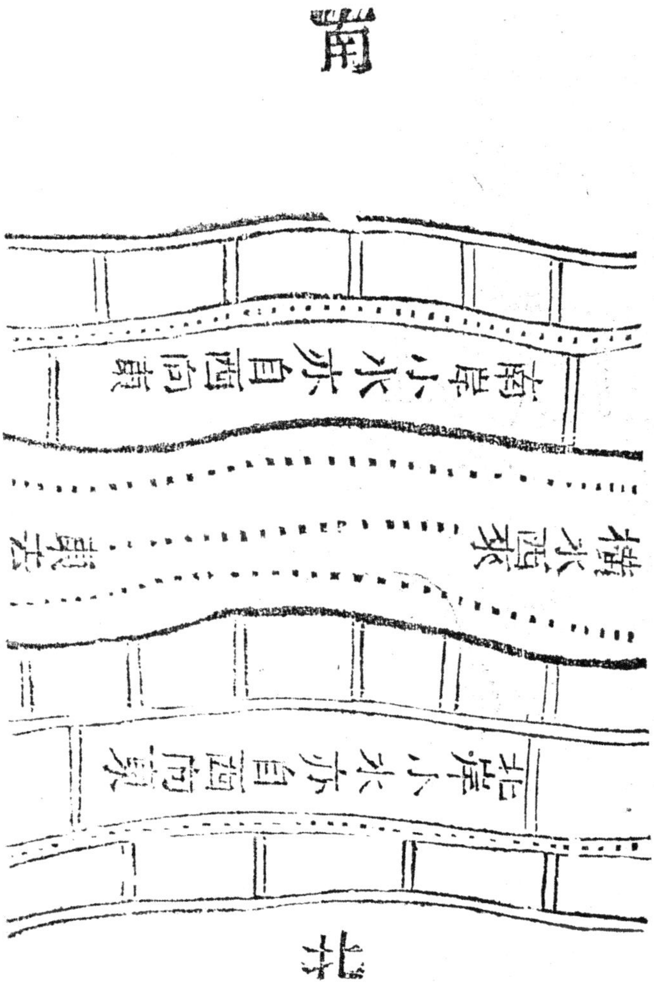

迎龍送龍浜附圖

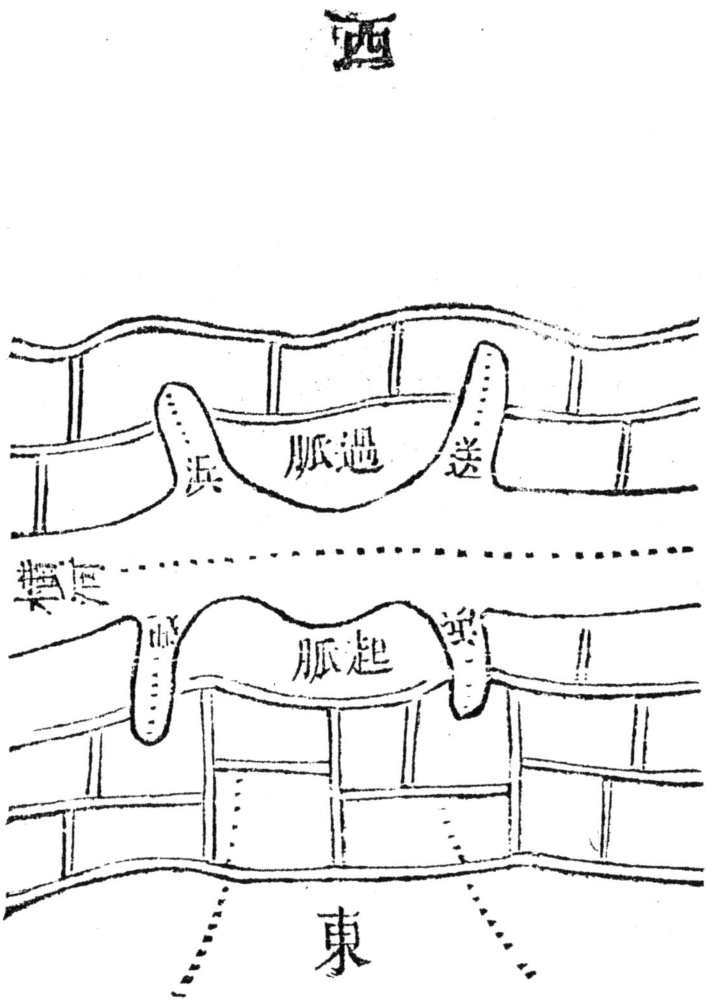

皆有迎龍送龍浜之說。大略與山龍過峽迎送砂相同。如龍脉自西岸渡過東岸。西岸兩浜。水流入横河。東岸兩浜。雖亦流入河中。但其内邊田水。隨龍東去。此係渡水之峽。非龍脚相連。

龍體穴形

平洋亦有星辰龍格。體勢穴形。星辰者。平洋之五星九星。所謂波浪水。滚浪金。半月金。倒地木。曲尺木。浮簰水。棋盤土。柿蔕土。鋪毡土。磚角土。暗火。開紅落地金錢是也。龍格者。三台。五腦。九腦。丁字。王字。玉尺。蘆鞭。金蛇過水。曲水之玄。單獨芍藥。蒹葭。楊柳等格是也。體勢者龍蟠。魚鱉。晒錦。鋪茵。或如蛛絲之經行。瓜籐之延繞。鷗鳧之浮沉。藕絲之牽帶。田塍層疊。如波浪之滚來。平洋正宗云。廣坂之中。四畔水繞。内看田塍動氣。有三法。一曰拱來形如初月。兩角向下。層叠橫來。見直脉之所結。六二曰收

來亦如初月兩角向上勢如疊浪至方坂動而將靜處
結穴三日魚鱗皺如冰裂紋狀中有高低至開口處結
或結于方培塿紛紜平洋墩阜行龍亦要開肩出面結
正之所穴宜開鉗口或旁砂環抱為吉取
用之法坐實向如風雨之遞至此皆氣行地中故能遇
虛塡山法同
起而成形成勢也其自平洋湧起於低田面之高田高
地必原氣脈如江浙水鄉之平洋湧起于水面上之平
田平地得尺許高田高地即氣脈也然氣無任細小處
見之若一片散濶雖有高田高地無益故入首貴乎束
氣此論體勢來脉下論入首入首有高平二體其與來脈相等者為
平得內界分明貼身砂頭雖不湧起而本身是特高之

皐亦爲眞穴此陽來陰受之體雖貼身無顯明之不然砂既得兩界分明自有陰砂環抱
雖太陽太敦而無特起星辰又無貼身界合玉尺經云一
片陽爲穴奚取証入首此來脈處高數尺數寸為高亦
須益紛界合分明陰砂包裹此陰來陽受之體有陰不砂環抱方有貼身界合
然撥脈證一用神即星散之墩阜雪心賦曰滚浪桃花
隨風而散多是無蒂無根未必有形有氣此之謂也蓋
地形有高低砂水有偏勝脊脈高起之處砂顯而水隱
故論砂之開口在微茫之界合承入首此來脈脊脈隱高起一段吉
伏之處水顯而砂隱故水之纏繞于平薄而開口之形

自在其中〇（承入首與來脈相等一段言以下論龍穴形體）取開口之形者〇以砂為主〇以水為客〇砂勝之〇開口之形多如蜈蚣蝦蟹諸形不下數十〇水勝者〇開口之形少如出水蓮花泊岸浮簰〇逆水砂洲之類者可以盡之〇然開口之象有四焉〇如旁分兩股為砂〇中含低田低地為堂者〇是太陽〇作蜈蚣蝦蟹〇金盆釣鉤玉帶虹腰〇新月合角等形〇皆太陽之象也〇（陰開裏陽太陽）為旁分兩砂〇中出一脈〇兩邊界水之外有鉗口者是太陰〇（中有出脈兩邊小水界脈而下鉗砂在外界水在內故曰界水之外有鉗口）作落花浮水〇烏鴉伏地〇丹鳳啣書〇黃蛇出洞〇仙蝦戲首〇龜蟹

背結網蜘蛛匣中寶劍等形皆太陰之象也陽開裏陰為太陰鉗口內龍爪微高而牽連者皆是太陽開口濶大起微突于中心者是少陰作蕊內浮酥金盆獻果匣內藏桃釜中煮蛋龜盤浮沉仙蝦窺珠等形皆少陰之象也太陽開口濶大中間起突者為少陰即一塊平坦較四面微高者亦是太陰形體豐厚開微窩于當中者是少陽作雞心口螺靨口仰掌雞窩皆少陽之象也太陰開微窩薄口為少陽凡突大而顯者開敞薄之面吐平仰之唇俱是推而廣之出水蓮花泊岸浮簰是太陰之體逆水砂洲是少陰之體古人論形因其似穴之口而取之今人論形忘其取形之意則失之

其要矣以下因開口而論脣因脣口而論堂砂穴形眞僞皆于此辯開口者無形亦眞有開口者有形亦假總以砂之鉗局作水之纏繞以水之纏繞作砂之鉗局有纏繞之水有鉗局之砂郎均爲有口理歸于一也有口更須論脣陽口無脣是空口純陽散漫陰口無脣是死面純陰裏縮有脣還須論砂無兩砂挽抱其脣則明堂不成界水不合無明堂則貼穴小水不能會合有砂然後成堂兩砂環抱之內郎是明堂有堂然後成口有口不可無脣故脣口堂砂不論何形皆不可少但直開之口易曉橫開倒開側開之口難明有出脈而開陰口者易曉無出脈而開陽口者難

明當何以辯之以下論陽口脈直來而直結如蜈蚣蟹鉗之口者爲直口脈直來而橫結以來去之身兩邊相拘爲龍虎如虹腰牛軛之橫灣如玉帶瓜籐之顆節者爲橫口脈直來而側結亦以來去之身兩邊相拘爲龍虎如新月梢之微窩處如側掌之食指節處者爲側口脈直來而倒結以鈎轉之勢爲龍虎如鈎鈎金鈎鈎刀之口者爲倒口山之勾轉者非後有真背不可平地之勾轉者只要後有微頂前有薄唇明堂背後隨出無妨山龍橫開倒開側開之口後無鬼樂必須真背貼出平洋穴後拖出者亦作鬼論但面來轉向者佳故點穴之

法（以下論穴法）不論何口只要看其唇之圓處堂之聚處為主陽口左旋者氣必略偏右右旋者氣必略偏左陰口亦然（此槩論陰開裏陽陽開裏陰之口以下分論四象葬法）太陽之口唇氣內含承胎而生（胎即毬註詳乳突窩鉗篇）少陽之口唇吐口外穴在嘴下（太陽唇氣短縮故宜承胎少陽唇氣外吐故宜扦窩）太陰之口吐氣為主藉處堪親（厚多取薄）少陰之口一突為奇微頂可蓋（平中微浮可作蓋穴若突大宜扦頂前微高處）若平地之窩唇吐口外者不論口之大小居中氣聚（此即少陽之口宜扦窩之中者以唇吐而脈隱也）金盆無口亦然（此即少陰之體宜扦突之中者以氣聚而脈旺也紫囊書云金盆形在在有之四圍高而水無出處四時潑清不涸者吉）倘

開竅失蹤不可以四象定者後以來氣爲証前以明堂聚處爲憑而消息之庶乎其不差矣

附四象圖并說

太陽穴法

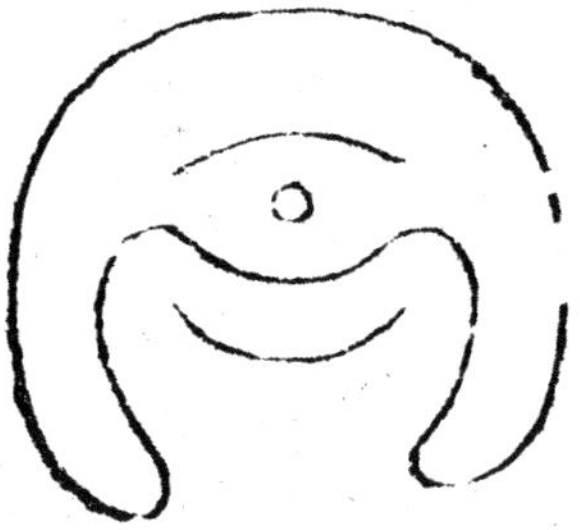

太陰穴法

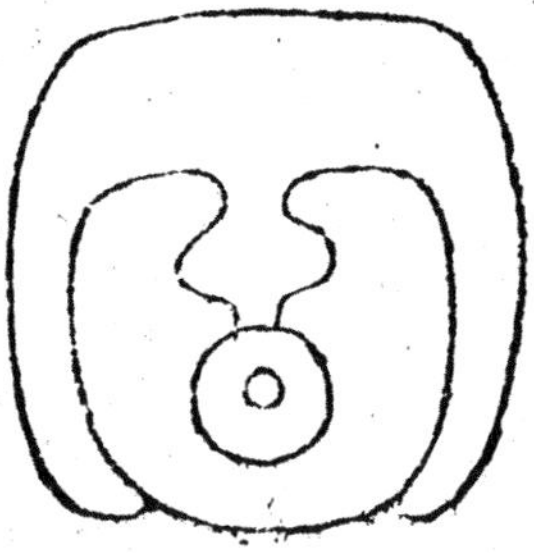

少陰穴法

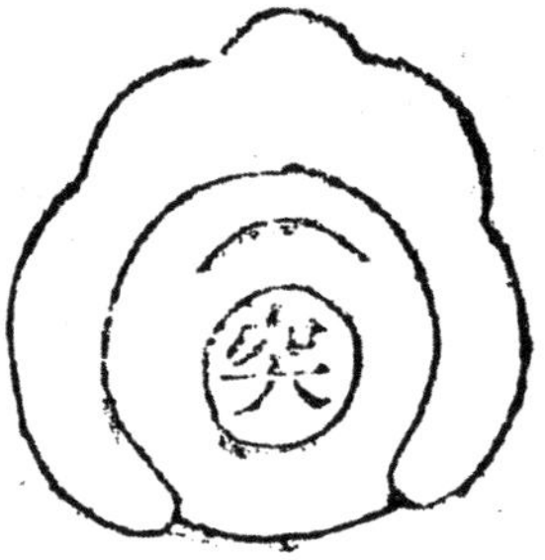

少陽穴法

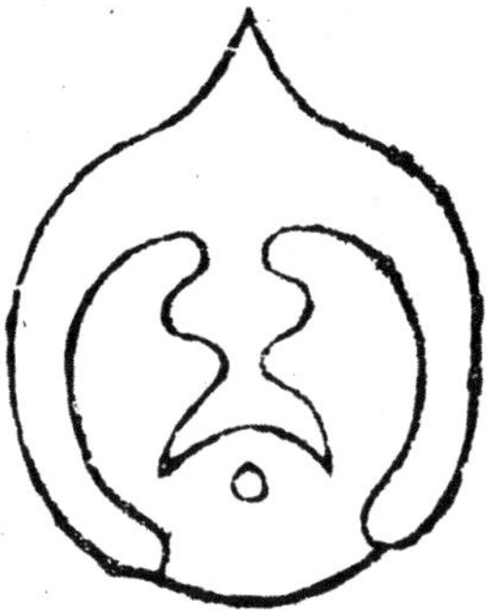

右圖山洋略同。可以叅看。蓋山龍平地。雖屬兩途而陰陽相濟。歸于一致。如太陽之象。陽之極也。陽多取陰。扦頂前微凹處。與山龍橫開鉗口。無出脈垂下。橫担貼脊而扦者相同。太陰之象。陰之極也。陰多取陽。宜親薄口。與山龍兩邊龍虎摟抱。中垂乳突之形。在脣下平處扦葬者亦相同。太陽變少陰。是陽動而生陰。即山龍無顯脈之深大窩鉗。宜認陽脈。而扦于水平滕結之處。太陰變少陽。乃陰動而生陽。即山龍乳突開口。唇氣外鋪。宜扦窩下之穴法。有四象形。變多般一隅三反。總不外乎陽來陰受。陰來陽受。陽多來陰。陰多盤陽之理。平洋如此。山龍亦然。

附拱來圖

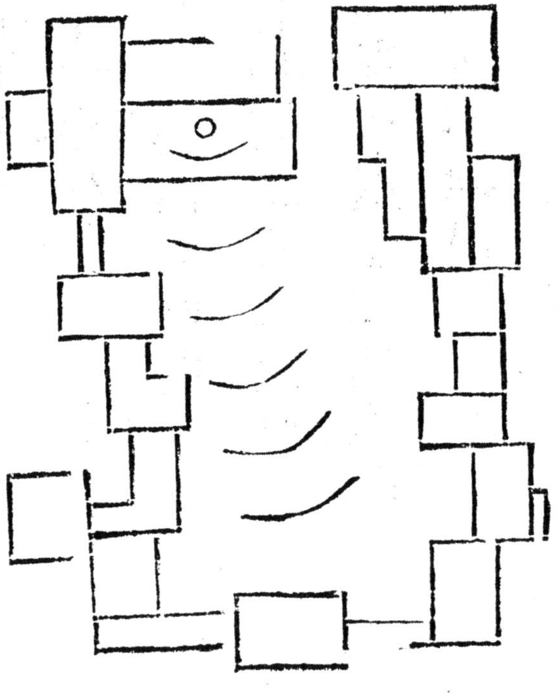

附收來圖

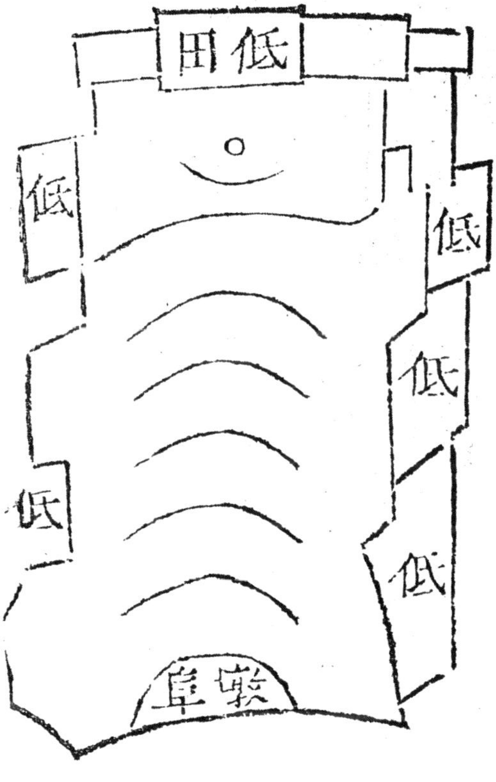

附魚鱗厭之圖

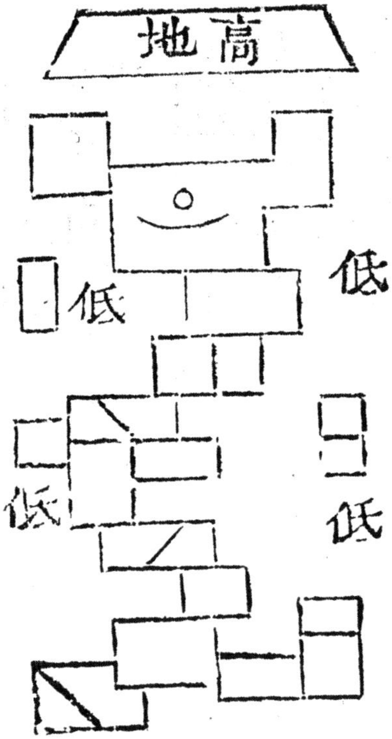

脊脈水繞

平洋方域不同。形體亦異。不先辯明。法無所施。今約爲二。（即乘脊脈看水繞二法）以概其餘。陝汴齊魯之平洋。得西北地土高厚之氣。與各方去山未遠之平洋。得山脈未盡變之氣。故以低田爲壇墩。而龍脈行乎其上。如脈盡之變延。以高田高地爲龍。爲砂。低田低地爲堂。爲界。穴後兩邊低田低地。如入字頭之挿入。據爲束氣。亦有以水與爲內界束氣者。（近穴界入脈之水故曰內界）必有界龍之水。在纏護砂水之外。（界龍水在界入脈水之後故在纏護砂水之外）此平洋尚帶岡阜之體。廖公所謂平洋乘脊氣是也。（此節論去山未遠平洋以脊脈証行龍）江浙水鄉平洋東南地勢卑薄。去山甚遠。開體盡無脊者。故以水為壇墠。而龍脈行于其上。如簰浮水面。其平田平地。即為龍。為砂。小河小浜為纏。為界。穴後兩邊小浜如八字頭之揷入為束氣。亦有以低田為內界束氣者。界龍之水。在纏護砂水之外。此平洋脊脈隱伏難尋。楊公所謂平洋看水繞是也。（此節論去山已遠平洋以水繞証龍脈）應有脊脈處。（此指去山未遠宜乘脊脈而言）而無尺寸之脊脈。必無鉗口明堂。雖有。砂。水。多為所惑。不能起脊脈處。（此指去山已遠水繞平薄而言）而能有尺寸之脊脈即高一寸爲山再得水纏更爲有據乘脊氣者非不必以水纏証鉗局而可憑不獨水纏因體以見用也（脊脈爲體水纏爲用）看水纏者非不必求脊脈于平潮而可憑不惟脊脈因用以推體也（此節論乘脊脈者以鉗局証水纏看水纏者因水纏証脊脈以下二節論穴）謂之乘者乘于陰開裏陽陽開裏陰之口中也陰開裏陽者後以脊脈盡處爲項（脊脈盡處必然微矬故能見頂）旁分兩股爲砂前吐薄口爲唇中含低田低地爲堂穴水不分兩邊但團聚于口內爲雌雄內結如蜈蚣之鉗即所謂又口木鍬口也陽開裏陰者旁分兩砂中

出一段以脊脈微高爲頂。以薄唇吐出爲面。兩旁有微分水痕。水外有微高鉗局。界水在內鉗局在外其水自穴旁分開。而合于唇下。爲雌雄外結。雌雄內結外結註詳乳突窩鉗篇如蓮花之心。即所謂三叉口。合角口也。然亦有太少之象焉。前篇明象兼論離穴此惟論穴開口之象陰開裹陽是太陽。其開口濶大。中起微突者是少陰。陰陽開裹陰是太陰。其脈體豐厚。中開微窩者是少陽。註詳龍體穴形篇如此穴情。方爲的確。明堂方眞。有眞口方有明堂不然。雖有脊脈。何爲。此節論乘脊脈者以鉗口形象証穴若但有脊脈而無鉗口亦非眞結謂之繞者。大水之內。要小水迴環。下砂之外。

要活水環繞也。蓋大水衆所共依。小水穴所獨受。小浜界開龍砂之水。活水界止龍脈之水。故大水內有小水纏繞。氣方聚而穴方眞。下砂外有活水湯朝。龍方止而局方緊。然亦有雌雄之媾焉。龍水之合龍水左旋龍。其性情必趨向右。須右旋水性情趨向左者配之。與本身下關砂水相逆共繞下砂外。會大合水而去。聚龍水右旋龍。其性情必趨向左。須左旋水性情趨向右者配之。與本身下關砂水相逆共繞下砂外。會大合水而去。如是相媾。方謂之繞。不然水倒龍去。如龍右旋水亦右旋是也為不媾不繞。雖有水。

合。何。爲。此節論水纏者以龍水配合證穴若但有小水之合而龍水不交者終假有等去山未遠河多濶漾渡水亦多脊脈在尺寸之間其內界多是小浜者得兩小浜左右環抱界成龍虎浜瀕插入據爲束氣龍左旋者自然右浜纏過元武龍右旋者自然左浜纏過元武方無流水沖頂之患此是浜底纏過元武水會穴前非水往穴後流去也外面又有活水朝纏如出水蓮花形者不必本身有開口鉗局自有眞結然脊脈微高斷不可少此節論近山平洋有水纏者不可無脊脈有等去山甚遠多高田高地渡水亦有脊脈可見其內界多是低田低地者得低田低地爲束氣為明堂高田高地為攔砂為鉗口者不必本身有明水纏繞亦成美地到頭一節以低田低地為束氣即有界入穴之水穴前有攔砂鉗口可証小水會合故必明水纏繞不然大水會合亦斷不可無大水指界龍水言因內無明水故須大水會合以証龍止此節論山遠下消雖有脉而無明水纏繞者不可無大水會合夫平洋不可不開口而水鄉獨不然歟曰大界內有小界界開大水內有小水纏繞則大水之內有砂可知其形如出水蓮花者與陽開裏陰之口何殊即太陰之體然則泊岸浮簰與逆水沙洲二格亦有纏繞之口歟曰二者皆在四水交會之內界脈水兩邊分來界穴水亦兩邊分來均至穴前左右會合故曰四水交會

泊岸浮簰大水繞下砂龍脈牽連不斷逆水砂洲大水纏元武。求繞穴後仍于穴前會合龍脈渡水而來自有纏護圩田與迴轉餘枝皆透入水中。而星列于四面界脈之亦必在纏護圩田與迴轉餘枝之外。界穴之水必在纏護圩田與迴轉餘枝之內。外內者背向之意言界脈水在纏護砂之背外界穴水在纏護砂之內面也。其中各自有條。非無分別試于水漲時散粗糠于上流。其內外分合之形自見。此等穴形須遠着不然穴星足力細心理會何以見其中尊目主而四面隔水圩田如魚如禽如井田者。又何以見其外背內面相向有情。流水何能不沖其身耶。惟水繞可証。其砂繞。砂繞則水不冲穴。而見其中尊自主也。于此推之。泊岸浮簰。是太陰之體。其隔水纏護。圩田如井田之形者。與中出一脈。旁分兩砂之鉗局何殊。遊水砂洲。是少陰之體。其四面纏護。圩田如禽魚之形者。與太陽開口。濶大中起微突之鉗局何殊。但太陰少陰之口。砂勝者。牽連地面。顯露于堂界之內。此二者則在四水交會處。內外看之。証其鉗局為少異耳。蓋因平洋不開口。神仙難下手。平地水鄉。其理一也。此節論水緝開口中則水縱脈有鉗局之意乘脊脈者。即枕毬簷之意。亦即陽

來陰受陰來陽受之意得有眞口穴情方的以開口爲
主脊脈爲客也看水繞者即先看下臂之意亦即論龍
虎之意故曰無龍要水纏左畔無虎要水繞右邊山之
龍虎乃取開口之形平洋水繞証鉗局亦取開口之形
以關口爲主水繞爲客也故不論高山平地總以開口
爲貴但其口有高低隱顯大小陰陽之不同此篇大旨乘脊脈者
不可無水繞看水繞者不可無脊脈而乘脊脈不宜孤
陰純陽之獨求看水繞終須大外小外之相接以見陰
陽相濟方成配偶更以鉗局証水繞水
繞証鉗局發明開口之義亦爲創解

出水蓮花之圖

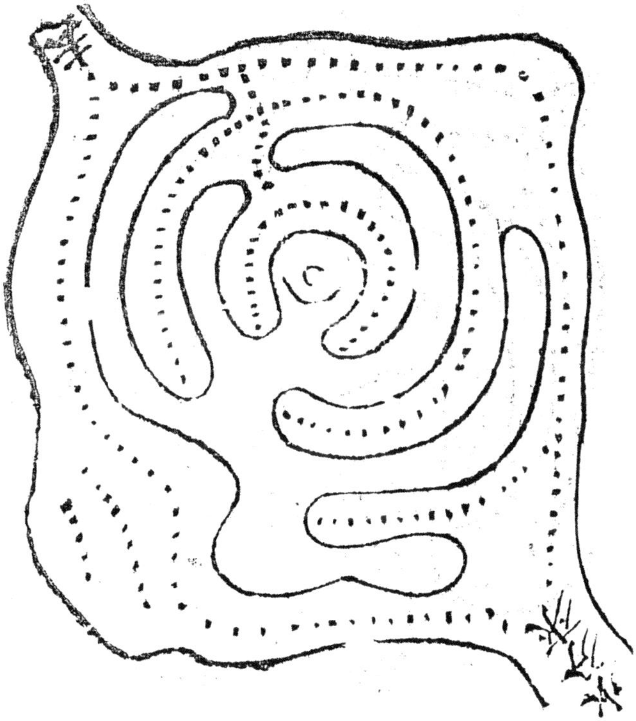

泊岸浮簰圖

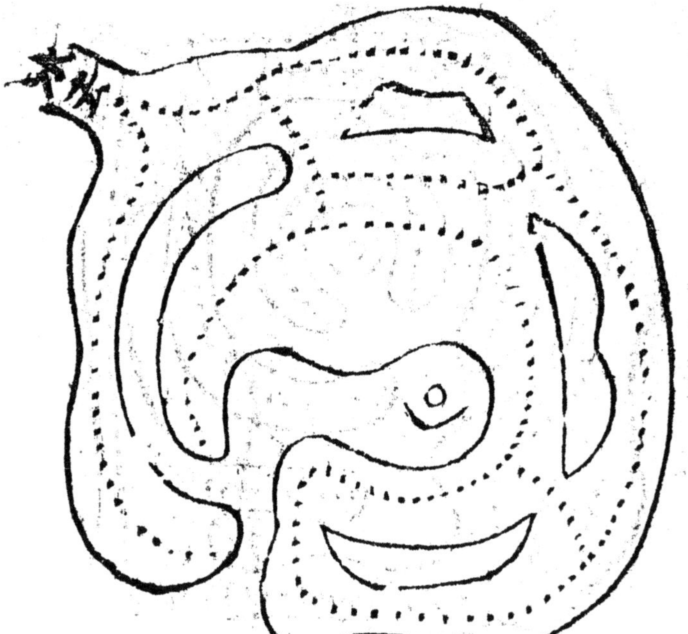

逆水砂洲圖

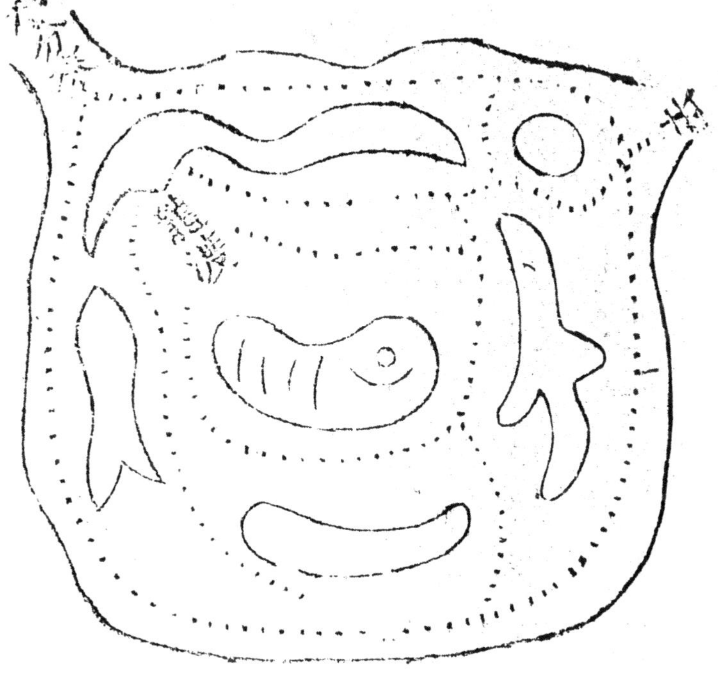

平田低田

或曰、去山已遠之平洋。無脊脈之平田。亦可用水繞之法否、曰江浙水鄉、非無脊脈。但地勢甲薄、穿渡復多、脊脈低伏而不見。故看水繞以証脊脈。所以無論低田湖鄉。凡大勢皆低者。内有微高之處。即爲龍脊。只要收放向背分明。鉗口唇氈可証。不以有水浸沒而棄之、楊公曰、水退即同乾地、力是也。若去山未遠之平地平田。原有脊脈可尋。其間若無脊脈。必是無龍虛假之地。縱有水繞。慎扦必敗。

水穴

眞龍入水。山近者有石骨。山遠者有土脊。或見于水面。如鷗鳧之浴波。或潛形水底。如魚鼈之隱藏。浮于洲者易扦。沉于水者難察。果係龍眞的。水中有石骨硬土。自有結作。或水乾露其形體。水淺鋪口隱見與乾地龍脈穴情相同。可搭落土成洲。仍擴至原處而止見原土擱棺乾土之上。捲土蓋蟻。經云。提明廖公水底穴名雖云在水中還要土來封。然其水濕燥着眞。故古有水底穴之說如無錫華氏墓洮蕩而拔是其務也勞非決眼不能辨此。稍有差池。貽悞非淺

火嘴

楊公曰高山落平地若有火嘴看尖之盡處又開鉗口爲暗火開紅所謂火放灰中紅影生也如尖嘴不開鉗口爲死火帶煞不可扦葬此言不解者多予見倒地火嘴陰砂繞抱時師埋葬尖上坐下退田筆立時禍敗後移至兩火尖又中竟致絶滅又有愰會落不落看尖角之語頂火尖而葬禍不旋踵殊不知嘴火開紅者非火尖上下可以立穴蓋火炎上則燭照光明星峰似此多主文秀因其本體枝脚尖射無情故只堪作祖而無融

結平地火嘴亦只可作後龍須看火嘴之前隔數畝田
地有高田高地漘起平中一突得土星側卧是唇兩邊
更妙
少砂抱
平中之突四面皆低全憑兩砂爲穴証此砂如少
陰之口突大而微吐薄唇穴前可容側卧如小明
堂處即
是唇也
或尖盡處分開鉗口而成陽窩出唇吐氣
此即
少陽
之口大全云大山撒落平坡氣聚尖頭者
要尖處起突復開鉗口外有包砂方可
有眞正明堂
若方爲暗火開鉗若不明此愼毋下穴

沿海

沿海新漲沙地。雖坍漲不常。然民間居葬于此。未嘗不發富貴人丁。當作三項論之。其一漲起之地。如有行龍脊勢。分合情形者。此因水底原有龍脈。故漲起即有氣以鍾成。居葬其上。自可發福。其二砂環水繞。俱在人功。氣聚風藏。亦由造作。與攢基一般。雖無龍脈。受鍾成之氣。亦能發福。但不久長。其三新漲海灘。種植者闢河洩水。取土培基。或從無情處脩改。雖無龍虎。亦有界水。雖無生氣。自得水神之生氣。有水即有氣亦可安其上而食其

宅崇明寧紹海濱有富貴者頗多如此○

山洋異同

高山之法。可通乎平地。既曉高山。平洋不離。果盡同乎。曰有同者。有異者。有大同小異者。蓋山洋俱有祖宗枝幹。帳峽纏護。行龍俱有兩水夾送。結穴俱有圓唇界合。龍虎明堂。下砂水口。向背聚散。此則同也。高山見火嘴。則氣絕而不行。（山龍跌斷而失剎者爲死龍爲煞故曰氣絕不行）平地見火嘴。則龍行而穴近。（平地火嘴有束氣之形行龍束氣細小則穴近平洋有脊脈者可証其來歷若無情處雖有火尖之體不以此論）高山純陰包煞。平洋純陽散漫（此指無陰陽變化者言）高山以砂勢分合尋龍。得砂勢包收。離水不交會。斬。腰。截。氣。亦。可。葬。也。山龍行度處得砂勢包収自有界合故不必明水交會亦可斬腰截氣而折平。洋。以。水。勢。分。合。尋。龍。非四水交會詳水異存脈篇雖砂勢兜收。風。翼。遊。鱗。難。以。作。穴。四水不交則氣何能聚雖兩邊分砂如鳥之展翼魚之開翅此送龍砂體無止結眞情此。平。地。與。高。山。之。異。也。北節吉山洋行龍之異高山以起伏為勢。而收放亦顯。平地以收放為勢。而起伏甚微。高山起。伏。虛。設。處。多。平洋收放。虛。設。處。少。高山節節分枝結咽。而不成穴者十之六七。平地或數里。或里許。分枝結咽而成穴者十有六七。高山起伏多故分枝結咽亦多結地少者砂勢環聚處少也平洋收放少故分枝結咽亦少結穴多者平洋有束氣即有眞結也此言山洋分枝求咽結穴之不同高山陰多。故取陽坦爲穴。然傳變純陽。又當散中求聚而取突。平地陽多。故取平中一突。然傳變純陰。又當以陰取陽而尋窩。此論陰陽形體高山陸剛。濟之以柔。故曰攏葬其巔。傳變爲柔。又當濟之以剛。葬顛之法可用。平地性柔。濟之以剛。故曰支葬其巔。傳變爲急。又當濟之以緩。葬麓之法可施。此論剛柔變通高山承脈就胎。而葬平地有脊脈者。亦宜坐高承氣。平地穴居中。則氣聚。此指平地之窩居吐口外及金盆形之穴法言詳見龍體穴形篇高山穴形俯者。亦宜居中者山形俯者穴在低處居中勝嚭之中此言乘氣高山以薄爲生。變爲純陽。又。以。厚。為。生。平地以厚為生。變為純陰。則以。薄。為。生。此言葉取統節論山洋穴法異同高山忌風吹。平洋無貼身分合。即是不聞亦。忌。風。吹。平洋嫌水剋。詳渡剋篇高山跌斷處。無。痕。影。分水。亦。嫌。水。剋。高山喜。迴龍逆結下砂緊抱。水。纏。元。武。者。可。取。平洋喜水纏元武。而貼穴無小水纏繞。見。水。之。去。者。則。忌。山龍逆結下砂緊抱大水在下砂外纏元武而去其貼身自有界穴之水入首處必有束氣界脈乾流平洋逆結亦然若大水即在穴旁纏元武而去者內無界穴小水後三束氣但不成跡故坐低山低地與池浜者穴後小水均宜繞至穴前左右會合而去方合坐空之法高山穴前。水。聚。天。心。者。貴。平洋向低。水。聚。天。心。而有重砂。包。裹。者。亦。貴乎

忌向低者穴前水不聚也得水聚天心更有重砂包裹最吉此言山洋分合水及水纏穴後水聚穴前異同

高山以動爲生平地以圓爲活山靜宜動凡小來忽大山來忽直曲來忽轉向平來忽出脣峻來忽平田拖來忽圓靜皆大然生動之氣圓者動之機活者氣之見穴前之脣穴旁之腮與穴外之砂皆有圓轉之情亦是生氣山洋皆然至平洋穴或坐水或扳水或倚于左右均宜觀砂水圓活之處

高山傍砂點穴平洋依水尋龍此就山洋顯見者言然平洋立穴未嘗不配砂高山尋龍未嘗不依水也

此高山平地同中有異異中有同也以上四節

統論山洋龍穴異同

跋

地理書首推楊曾廖賴但文辭深邃每求解人不得周師撰指迷書四卷前賢秘肯藉以發明洵爲楊曾廖賴諸書闡註俞子歸璞叔氏卿瞻以是書相傳年遠抄錄舛訛取舊藏原本增註刊行不啻元珠在握寶鏡重光有裨於究心斯道者意良厚吾郡鍾式林先生云地非無行之人所能指亦非無行之人所能得予顧讀是書者潛心揣摩自可登楊曾廖賴之堂更以忠孝廉節存心無負周師傳書意眠牛白鶴古人豈欺猶可證焉

乾隆丁未臘月山陰吳太占跋

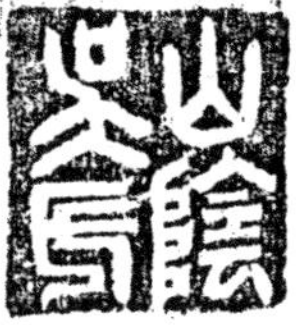

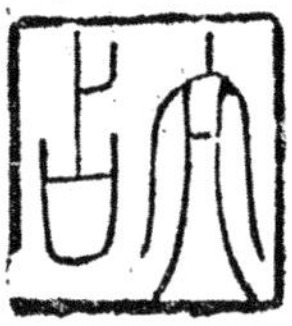

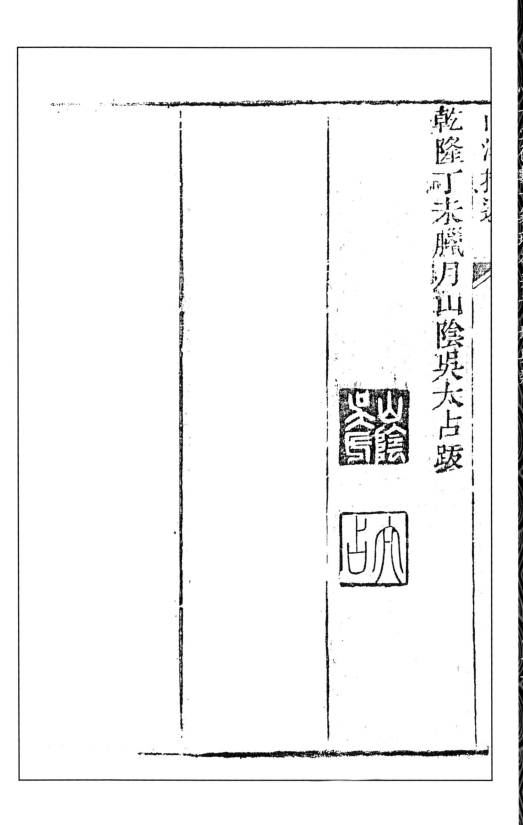

32	命學探驪集	【民國】張巢雲	發前人所未發　稀見民初子平命理著作
33	澹園命談	【民國】高澹園	
34	算命一讀通——鴻福齊天	【民國】不空居士、覺先居士合纂	
35	子平玄理	【民國】施惕君	
36	星命風水秘傳百日通	心一堂編	
37	命理大四字金前定	題【晉】鬼谷子王詡	源自元代算命術
38	命理斷語義理源深	心一堂編	稀見清代批命斷語及活套
39－40	文武星案	【明】陸位	失傳四百年《張果星宗》姊妹篇　千多星盤命例　研究命學必備
相術類			
41	新相人學講義	【民國】楊叔和	失傳民初白話文相術書
42	手相學淺說	【民國】黃龍	民初中西結合手相學經典
43	大清相法	心一堂編	重現失傳經典相書
44	相法易知	心一堂編	
45	相法秘傳百日通	心一堂編	
堪輿類			
46	靈城精義箋	【清】沈竹礽	沈氏玄空遺珍　玄空風水必讀
47	地理辨正抉要	【清】沈竹礽	
48	《玄空古義四種通釋》《地理疑義答問》合刊	沈瓞民	
49	《沈氏玄空吹虀室雜存》《玄空捷訣》合刊	【民國】申聽禪	
50	漢鏡齋堪輿小識	【民國】查國珍、沈瓞民	
51	堪輿一覽	【清】孫竹田	失傳已久的無常派玄空經典
52	章仲山挨星秘訣（修定版）	【清】章仲山	章仲山無常派玄空珍秘　門內秘本首次公開
53	臨穴指南	【清】章仲山	
54	章仲山宅案附無常派玄空秘要	心一堂編	沈竹礽等大師尋覓一生末得之珍本！
55	地理辨正補	【清】朱小鶴	玄空六派蘇州派代表作
56	陽宅覺元氏新書	【清】元祝垚	簡易・有效・神驗之玄空陽宅法
57	地學鐵骨秘　附　吳師青藏命理大易數	【民國】吳師青	釋玄空廣東派地學之秘
58－61	四秘全書十二種（清刻原本）	【清】尹一勺	玄空湘楚派經典本來面目　有別於錯誤極多的坊本

62	地理辨正補註　附 元空秘旨　天元五歌　玄空精髓　心法秘訣等數種合刊	【民國】胡仲言	貫通易理、巒頭、三元、三合、天星、中醫
63	地理辨正自解	【清】李思白	公開玄空家「分率尺、工部尺、量天尺」之秘
64	許氏地理辨正釋義	【民國】許錦灝	民國易學名家黃元炳力薦
65	地理辨正天玉經內傳要訣圖解	【清】程懷榮	秘訣一語道破，圖文并茂
66	謝氏地理書	【民國】謝復	玄空體用兼備、深入淺出
67	論山水元運易理斷驗、三元氣運說附紫白訣等五種合刊	【宋】吳景鸞等	失傳古本《玄空秘旨》《紫白訣》
68	星卦奧義圖訣	【清】施安仁	三元玄空門內秘笈　清鈔孤本 過去均為必須守秘不能公開秘密 與今天流行飛星法不同
69	三元地學秘傳	【清】何文源	
70	三元玄空挨星四十八局圖說	心一堂編	
71	三元挨星秘訣仙傳	心一堂編	
72	三元地理正傳	心一堂編	
73	三元天心正運	心一堂編	
74	元空紫白陽宅秘旨	心一堂編	
75	玄空挨星秘圖　附 堪輿指迷	心一堂編	
76	姚氏地理辨正圖說　附 地理九星并挨星真訣全圖　秘傳河圖精義等數種合刊	【清】姚文田等	蓮池心法　玄空六法 門內秘鈔本首次公開
77	元空法鑑批點本——附 法鑑口授訣要、秘傳玄空三鑑奧義匯鈔　合刊	【清】曾懷玉等	
78	元空法鑑心法	【清】曾懷玉等	
79	曾懷玉增批蔣徒傳天玉經補註【新修訂版原（彩）色本】	【清】項木林、曾懷玉	
80	地理學新義	【民國】俞仁宇撰	揭開連城派風水之秘
81	地理辨正揭隱（足本）　附連城派秘鈔口訣	【民國】王邈達	
82	趙連城傳地理秘訣附雪庵和尚字字金	【明】趙連城	
83	趙連城秘傳楊公地理真訣	【明】趙連城	
84	地理法門全書	仗溪子、芝罘子	巒頭風水，內容簡核、深入淺出
85	地理方外別傳	【清】熙齋上人	巒頭形勢、「望氣」「鑑神」
86	地理輯要	【清】余鵬	集地理經典之精要
87	地理秘珍	【清】錫九氏	巒頭、三合天星，圖文並茂
88	《羅經舉要》　附《附三合天機秘訣》	【清】賈長吉	清鈔孤本羅經、三合訣法圖解
89－90	嚴陵張九儀增釋地理琢玉斧巒	【清】張九儀	清初三合風水名家張九儀經典清刻原本！

91	地學形勢摘要	心一堂編	形家秘鈔珍本
92	《平洋地理入門》《巒頭圖解》合刊	【清】盧崇台	平洋水法、形家秘本
93	《鑒水極玄經》《秘授水法》合刊	【唐】司馬頭陀、【清】鮑湘襟	千古之秘，不可妄傳匪人
94	平洋地理闡秘	心一堂編	雲間三元平洋形法秘鈔珍本
95	地經圖說	【清】余九皋	形勢理氣、精繪圖文
96	司馬頭陀地鉗	【唐】司馬頭陀	流傳極稀《地鉗》
97	欽天監地理醒世切要辨論	【清】欽天監	公開清代皇室御用風水真本
三式類			
98－99	大六壬尋源二種	【清】張純照	六壬入門、占課指南
100	六壬教科六壬鑰	【民國】蔣問天	由淺入深，首尾悉備
101	壬課總訣	心一堂編	過去術家不外傳的珍稀六壬術秘鈔本
102	六壬秘斷	心一堂編	
103	大六壬類闡	心一堂編	
104	六壬秘笈——韋千里占卜講義	【民國】韋千里	六壬入門必備
105	壬學述古	【民國】曹仁麟	依法占之，「無不神驗」
106	奇門揭要	心一堂編	集「法奇門」、「術奇門」精要
107	奇門行軍要略	【清】劉文瀾	條理清晰、簡明易用
108	奇門大宗直旨	劉毗	天下孤本　首次公開 虛白盧藏本《秘藏遁甲天機》
109	奇門三奇干支神應	馮繼明	
110	奇門仙機	題【漢】張子房	奇門不傳之秘　應驗如神
111	奇門心法秘纂	題【漢】韓信（淮陰侯）	
112	奇門廬中闡秘	題【三國】諸葛武侯註	
選擇類			
113－114	儀度六壬選日要訣	【清】張九儀	清初三合風水名家張九儀擇日秘傳
115	天元選擇辨正	【清】一園主人	釋蔣大鴻天元選擇法
其他類			
116	述卜筮星相學	【民國】袁樹珊	民初二大命理家南袁北韋 南袁之術數經典
117－120	中國歷代卜人傳	【民國】袁樹珊	